Stille Winkel auf Usedom

Stille Winkel auf

Usedom

Kristine von Soden

Ellert & Richter Verlag

Inhalt

*Für die Kleine Moosjungfer und den Kleinen Moorbläuling,
den Gagelstrauch und das Moschuskraut –
gefährdeten „zarten" Stellvertretern der Usedomer
Flora und Fauna, die die Insel zusammen mit all ihren
anderen Naturschätzen beschenken und verzaubern.*

Zur Einstimmung

Es war im August 1863, als Theodor Fontane für ein paar Tage in Heringsdorf weilte, obwohl ihm die Mode gewordene „Badereiserei“ arg missfiel. Doch in der Kulmstraße im Haus des Badearztes („es ist allerliebst“) fühlte er sich wohl, genoss er die Ruhe und frische Luft, „und diese beiden Dinge“, schrieb Fontane an seine Frau, „wirken wie Wunder und erfüllen Nerven, Blut und Lungen mit einer stillen Wonne“. Urlaubsgäste gehen heute gern an der *Villa Fontane* vorbei, fotografieren die Ostseeaussicht von der Anhöhe, die nach des Dichters Worten „für Herz und Sinne unendlich wohltuend“ ist – mithin ein stiller Winkel der poetischen Art. Neugier wird geweckt, mehr von Fontanes Reiseeindrücken zu erfahren, auch wenn diese mitunter anders ausfallen, als man es von der Sonneninsel kennt: „Das Wetter ist schlecht, gestern

Wind, heute Regen, und doch muss ich sagen, es ist entzückend.“ Usedom gehört zu den sonnenreichsten Gegenden Deutschlands, die jährliche Sonnenstundenzahl übertrifft sogar jene im verwöhnten badischen Freiburg.

Herzlich Willkommen!

Seien Sie eingeladen, stille Winkel auf Usedom zu erkunden, die so vielfältig und gegensätzlich sein können wie die Insel selbst: ein einsamer Steg an der Krumminer Wiek, abgelegene zauberbunte Gartencafés oder Wurzelwege durch Naturparadiese aus Wacholder und Stieleichen zu steilen Kliffs wie auf der Halbinsel Gnitz; Hofläden mit frei laufenden Gänsen und bernsteingoldenen Hühnern, ein rotorange glühender Sonnenuntergang an der „Pommerschen Riviera“, ausgedehnte Buchenwälder im Waldhyazinthenduft oder kleine, feine Galerien für Malerei und Töpferkunst.

Zu stillen Winkeln gehören auf Usedom auch Schiffsrundfahrten oder Bootstouren auf dem Achterwasser mit seinen Sandhaken, Nehrungen und verwunschenen Schilfröhrichten. Vielleicht entdecken Sie einen Graureiher reglos im Wasser stehen, Ausschau haltend nach Nahrung, was geduldiges Warten lehrt. Und zuweilen verraten Trittsiegel am Ufer die Spuren eines Fischotters. Früher wurde der selten gewordene Inselbewohner gejagt, hatte man es auf seinen Pelz abgesehen. Verkehrsschilder bitten seit einer Weile um Vorsicht, wo die scheuen Nachtaktivisten die Straße überqueren – ein Innehalten, wenn es denn funktioniert, für Autofahrer.

Usedom ist ein Paradies zum Wandern. Und zum Radfahren. Einer der ersten Feriengäste mit Drahtesel war 1908 Lyonel Feininger. Er reiste mit der Bahn von Berlin über Swinemünde mit dem damals neuen, noch ungewohnten Vehikel im Gepäck an. Eine mit Bronzeplaketten markierte Feininger-Radtour auf den Lieblingsradwegen des Malers, der bis 1921 immer wieder Usedom besuchte, hat zum Mittelpunkt Benz. Die von einem Findlingswall umfriedete Kirche wählte der Bauhauslehrer als Motiv für zahlreiche Zeichnungen, Aquarelle und Ölgemälde, was dem Dorf eine besondere Aura verlieh und es weltberühmt gemacht hat.

In 23 Kapiteln, beginnend mit der Hafenstadt Wolgast, dem Tor zu Usedom, stellt Ihnen dieses Buch eine persönliche Auswahl stiller Winkel vor – Orte, Stimmungen, Impressionen: manche ernst wie Peenemünde am nordwestlichen Inselzipfel, wo eines der meistbesuchten Museen Deutschlands von der 1936 errichteten Heeresversuchsanstalt erzählt, andere heiter und beschwingt wie das Promeniervergnügen in den Kaiserbädern mit ihren Seebrücken und ihrer strahlend weißen Bäderarchitektur. Im Hochsaisontrubel am Strand kann man sich eigene stille Winkel schaffen, allein, zu zweit, mit seinen Kindern oder Enkeln, indem man wie „Sachensucherin" Pippi Langstrumpf Hühnergötter, Donnerkeile oder Feuersteine sammelt. Das bringt Spaß und zuweilen Glück!

Stille Winkel können flüchtige Momente sein wie Wolkenspiegelungen auf dem Stettiner Haff, Arien der „Pommerschen Nachtigall", dem Gesangstalent namens Sprosser, Blicke bei klarer Sicht zu den Kreidefelsen von Rügen oder zur Greifswalder Oie (Oie wird „Eu" wie in Heu gesprochen). 1932 diente das Eiland, das wegen seines markanten Kliffs „Helgoland der Ostsee“ genannt wird, als Kulisse für den UFA-Film *F.P.1 antwortet nicht* mit Hans Albers und seinem Song *Flieger, grüß mir die Sonne!* – getextet von Drehbuchautor Walter Reisch, der 1954 für den *Untergang der Titanic* einen Oscar gewann.

Berühmte Dichter und Denker weilten auf Usedom, Reisejournalisten, Feuilletonisten, Romanciers. Sie alle schufen Prosa und Poesien über die Schönheiten der Insel, dazu Humoriges „ook up Platt“ über das Wesen des Pommern, der gern „so sine Amuren“ hat. Wo immer es passt, finden Sie in den beschriebenen stillen Winkeln darum auch Literarisches. Nicht zu vergessen der kulinarische Genuss von Hering, Aal, Dorsch, Zander oder Ostseesteinbutt, serviert mit Kartoffeln, die auf Usedom „Tüften“ heißen und in breiter Variation zur Spezialität von Sterneköchen aufgestiegen sind. Noch lange nicht am Schluss sei die eiszeitliche Erdgeschichte der Insel erwähnt, die man an vielen stillen Winkeln entdecken und studieren kann, darunter auf dem Loddiner Höft, einer Stauchendmoräne mit Sandfeldwegen und Ackerwildkrautfluren und im Flachwasser rundherum jungen Schilfbüscheln, die wie grüne Pinsel in den Himmel blinzeln.

Usedoms stille Winkel präsentieren sich zu allen Jahreszeiten in anderem Gewand. Im Sommer strotzt Deutschlands zweitgrößte Insel vor Lust auf Baden und Barfußlaufen durch den heißen, weißen Sand. Der Herbst betört mit zinnoberroter Laubfärbung, kündet von den Stürmen, die den begehrten Bernstein anspülen. Märchenhaft ist der Winter, wenn die pommersche Schneekönigin ihr Zepter schwingt, über Dünen und Ostsee Eiskristalle sprüht, gewaltige Schneewälle auftürmt und Eisfischer zum Angeln aufs gefrorene Achterwasser verführt. Im Frühling kehren die Fledermäuse aus ihren Verstecken zurück, rollen Leberblümchen ihre hellblauen Teppiche aus, blüht das Moschuskraut.

Stille ist ein kostbares Gut. Schenkt Kraft und Energie, weit weg vom vermeintlichen Zwang, permanent im Netz zu hängen und erreichbar zu sein. Solange wir noch nicht mit Chip im Gehirn durch die Welt irren, sollten wir dem Müßiggang frönen und Winkel aufspüren, die jeder auf seine Weise mit Sinn und Inhalt füllt. Dazu jedoch bedarf es Zeit, einer gefühlten Mangelware, obwohl sie in immer gleichbleibender Menge zur Verfügung steht. Man muss sich die Zeit nur nehmen. Also: Greifen Sie zu! Und lassen Sie sich in stille Winkel entführen – ähnlich, wie die Schauspielerin Eva-Maria Hagen 1970 von Lütow auf dem Gnitz an ihren Liebsten in Berlin schrieb: „... alles ist vorbereitet. Du kannst Deinen Stadtkörper jetzt herschmeißen. Ich hab Pellkartoffeln gekocht, dazu gibts Quark mit Kräutern. Wir essen draußen. Komm, nimm Platz ...“

Sind die Sehnsuchtstage auf Usedom vorbei, bitte nicht gleich Richtung Autobahn eilen, die Bilder der Moore, Erlenbrüche, Inselseen nicht sofort übertönen. Und so sei Ihnen ans Herz gelegt, sich im Lassaner Winkel gegenüber von Usedom am Peenestrom noch eine Pause zu gönnen, um „wilde Kost“ aus den Kräutergärten zu probieren oder den Holunderduft mit nach Hause zu nehmen.

Wolgast

Auf dem Weg nach Usedom das „Blaue Wunder“ erleben

Ach, könnte man doch die Uhren zurückdrehen und das Renaissanceschloss wenigstens noch einmal in seiner vollen Pracht sehen! Der Wolgaster Herzog Bogislaw X. ließ es 1496 auf den Fundamenten einer einstigen Slawenburg mit drei Geschossen erbauen – eine der schönsten Residenzen dieser Art im norddeutschen Raum. Herzog Philipp I. sorgte 1548 für eine Festungsmauer drum herum sowie später für einen Turm. Bald fegte der Dreißigjährige Krieg über Wolgast, richtete verheerende Schäden am Schloss an. „Und da 1637 der letzte Pommernherzog verstorben“, schreibt der Wolgaster Buchhändler Hugo Reinicke 1887, „und Wolgast zuerst herrenlos, dann schwedisch wurde, so rührte sich keine Hand, die Schäden auszubessern und die alte Herrlichkeit wieder aufzustellen.“ Es kam sogar noch schlimmer. 1675 traf eine Kanonenkugel die

Pulverkammer, und das Schloss flog in die Luft. Als 1713 der „grausige nordische Krieg über Wolgast daher brauste", wurde das Schloss zur Ruine, in der „die Käuzlein trauerten" und Dichter wie Gotthard Ludwig Kosegarten, damals Rektor der Wolgaster Knabenschule, 1777 träumten: „Im Mondenschein ist es ein prächtiger Ossianischer Anblick, schön und düster."

Im selben Jahr wurde in der Kronwiek am Hafen Philipp Otto Runge geboren, als neuntes von elf Kindern des Reeders Daniel Nicolaus Runge und seiner Frau Magdalena Dorothea. Das *Rungehaus* ist heute ein Museum zu Leben und Werk des romantischen Malers, der mit Caspar David Friedrich befreundet war. Seit seiner Kindheit lag Philipp Otto über Wochen mit trockenem Husten und Fieber im Bett, von Kosegarten erhielt er Hausunterricht. Aus dieser Zeit stammen seine vielen Scherenschnitte von Gräsern, Beeren, Rosenblüten, spielenden Katzen oder auch Porträts der Familie – eine Leidenschaft, der Philipp Otto bis ins Erwachsenenalter frönte. 1812, zwei Jahre nach seinem frühen Tod, brachten die Brüder Grimm Runges Märchen *Vom Fischer un syner Fru* in ihrer Sammlung heraus. Buttje! Buttje in der See! Den Plattfisch schnappte sich später Günter Grass als Titel für seinen Roman, der mit dem schönen Satz anfängt: „Ilsebill salzte nach."

Zurück zur Schlossinsel, früher Schlossplatz genannt. 1798 erwarb die Stadt Wolgast das Areal. Wie das Renaissanceschloss aussah, überliefert ein Stich von Matthäus Merian. Caspar David Friedrich hielt die Ruine 1813 auf einer Federzeichnung fest. Und der Wolgaster Marinemaler Willy Stöwer schuf von der Residenz ein farbenfrohes Gemälde. 1912 hatte er den

Untergang der Titanic für die Zeitschrift *Die Gartenlaube* illustriert. Das verschaffte dem Kapitänssohn von der Peene Popularität. Als Junge trieb er mit seinen Freunden „allerlei Allotria“ auf der Schiffswerft seines Großvaters. „Es war noch die Zeit des Holzschiffbaus, so um das Jahr 1875 herum“, notierte Willy Stöwer in seinen Erinnerungen *Zur See mit Pinsel und Palette* (1928). Wurde ein Schiff zur Reparatur an Land gezogen, schoben die Jungs an den Winden, die die Schiffszimmerleute unter lautem Gesang drehten, kräftig mit. Große Aufregung herrschte vor jedem Stapellauf. „Ich stand mit klopfendem Herzen, wenn solch ein Schiffsrumpf sich unter dem Hurra der Menge in Bewegung setzte und in das nasse Element hineinglitt.“ Oderkähne, Barken, Briggs und Schoner prägten damals die Hafenatmosphäre, in Getreidespeichern lagerte Korn aus Pommern, Mecklenburg und der Uckermark, bis es nach England, Belgien oder in die Niederlande verschifft wurde.

Unterdessen siedelten sich in der Stadt und auf der Schlossinsel erste Industriebetriebe an, darunter eine Spiritusbrennerei und die Wolgaster Holzhäuser-Gesellschaft mit ihrem Holzhäuser-Werk, 1868 gegründet von einem Schiffsbaumeister – spannend für jeden Usedom-Gast! Denn in der Blütezeit der nachfolgenden Wolgaster Actien-Gesellschaft für Holzbearbeitung entstanden hier zwischen 1890 und 1910 die Ikonen der Bäderarchitektur, jene Holzhäuser mit ihrem reichen Schnitzwerk wie zum Beispiel das *Café Asgard* in Bansin oder die *Villa Zeidler* am Steilufer von Stubbenfelde auf dem Teufelsberg. Hundertfünfzig Mitarbeiter beschäftigte das Unternehmen, das bald in alle Welt exportierte. Das Erfolgsgeheimnis lag in der Zerlegbarkeit der Häuser. In den Seebädern auf Usedom (wie auch in Binz oder Sellin auf Rügen) war das für jene Käufer von Vorteil, die Bauland lediglich pachteten und im Falle eines Umzuges ihr Haus preisgünstig einpacken und an einem anderen Ort auf einem Steinfundament neu aufstellen konnten. Ob das tatsächlich vorkam? Es wurde pommersches Kiefernholz verarbeitet, für Fußböden, Wand- und Deckenvertäfelungen sowie Geländer, Balkone und Balustraden vor allem aber witterungsresistente Zypresse sowie Pitchpine aus den firmeneigenen Waldungen in Amerika. Selbstverständlich gehörten auch Dachabdeckungen zum Programm, vorzugsweise aus Schindeln oder Schiefer. Die Kombination unterschiedlicher Formen aus Glocken-, Zwiebel- oder Zeltdächern nannte man „Kaiserdächer", erklärt ein zeitgenössisches Fachblatt. Fand doch Kaiser Wilhelm II., dem wir auf Usedom immer wieder begegnen, an den Holzarbeiten Gefallen, speziell die Drachen auf Firsten und Giebeln hatten es Seiner Majestät angetan.

Die Altstadt von Wolgast steht als Gesamtensemble unter Denkmalschutz, am Grundriss ihrer Gassen, die meisten mit Katzenkopfsteinen gepflastert, hat sich seit der Stadtgründung 1257 nichts geändert. Auf dem Weg nach Usedom unbedingt anhalten, aussteigen und den Turm der wuchtigen Backsteinbasilika St. Petri erklimmen! Vom Rundgang in vierzig Metern Höhe blickt man zur Schlossinsel – und weiter nach Usedom. Das „o" spricht man kurz wie die Sonne oder Sonneninsel, unser aller Sehnsuchtstraum.

Die große historische Vergangenheit der alten Herzogstadt, einschließlich der Ära der Hanse, wird in der Wolgaster *Kaffeemühle* sorgsam verwahrt. Das Fachwerkgebäude am Rathausplatz, vom Turm St. Petri aus im Gassenlabyrinth zu sehen, war eines der wenigen Häuser, welche den Stadtbrand 1713 überstanden haben. Die kuriose Dachkonstruktion, die an den Aufsatz einer Kaffeemühle erinnert, gab dem heutigen Stadtmuseum seinen Namen. Vor allem zum Wolgaster Hafen und seinen Werften, zur Schifffahrt und zu Wolgaster Kapitänen sind in dem einstigen Speicher ausgesuchte feine Exponate ausgestellt – ein stiller Winkel vor den Toren Usedoms, der jede Reise hier an die Ostsee, das Baltische Meer, bereichert.

Seit 1996 führt Europas größte Waagebalkenbrücke über die Peene nach Usedom. Das neue Wahrzeichen der Stadt ersetzte die „Brücke der Freundschaft“, die wiederum an die Stelle der 1945 gesprengten Peenebrücke von 1934 trat. Manch ein Autofahrer gibt wie von Sinnen Gas, um noch schnell über die Brücke zu kommen, bevor sie für den Schiffsverkehr öffnet und die Ampeln auf Rot springen. Dabei ist immer wieder faszinierend, wie sich die blauen Waagebalken gemächlich gen Himmel heben und sich wenig später Segler oder auch Frachter durch die Enge bewegen, die früher nur durch eine Fähre verbunden war – so kann man das „Blaue Wunder“ erleben!

Der Alte Fritz und seine Kartoffeln

Vom Feldzug der „Tüften“ auf Usedom

Vom Alten Fritz, dem Preußenkönig,
weiß man zwar viel, doch viel zu wenig.

So ist zum Beispiel nicht bekannt,
dass er die Bratkartoffeln erfand!

Drum heißen sie – das ist kein Witz – Pommes Fritz!

Heinz Erhardt, der schelmische Dichter dieser Verse, wird von den zahlreichen Mythen gewusst haben, die sich seit eh und je um Friedrich den Großen in puncto Kartoffeln ranken. Berühmtheit erlangte namentlich sein „Kartoffelbefehl“ von 1756, in welchem der Preußenkönig seine Landdragoner instruierte, dass sie „auf den Anbau der Tartoffeln fleißig attendiren“. Dabei ging es aber nicht um Pommern, sondern um die

Provinz Schlesien, welche Friedrich II. unmittelbar nach seinem Regierungsantritt 1740 erobert hatte. In jenem Jahr war sein Vater, Friedrich Wilhelm I., gestorben. Von ihm wurde Friedrich schon als fünfjähriger Steppke im preußischen Exerzierreglement gedrillt, um wenig später eine Hundertschaft kleiner Prinzenkadetten zu kommandieren. Gelernt ist gelernt. Und so nimmt es nicht wunder, wenn der Sohn des Soldatenkönigs nach seiner Thronbesteigung die preußische Armee von vierzigtausend auf achtzigtausend Mann verdoppelte, was seinen Philosophenfreund Voltaire, der ab 1750 in Potsdam weilte, zu der Bemerkung veranlasste: „Preußen ist kein Staat mit einer Armee, sondern eine Armee mit einem Staat." Doch zurück zur Kartoffel, der „tollen Knolle", welche langsam, aber siegreich in alle Munde rollte.

Fünfzehn „Kartoffelbefehle" hatte Friedrich der Große insgesamt erlassen, die meisten davon in Schlesien, zwei in Pommern. Hintergrund waren Hungersnöte, Missernten, Seuchen, Plünderungen. Mit der „Tartoffel" wollte der Preußenkönig die schlimme Ernährungslage seiner Untertanen verbessern. So auch auf Usedom, wo 1746 die erste überlieferte Anordnung zur Anpflanzung des „Erdgewächses" erfolgte, und zwar zur „Abhelfung des Broth-Mangels" der Bürger und Bauern.

Heute sind Kartoffeln, auf Usedom „Tüften", aus der Inselküche nicht mehr wegzudenken, veranstalten Gourmet-Restaurants „Tüftentage", gibt es Kartoffel-Gasthäuser, feiert das Seebad Ückeritz alljährlich im September mit einem Fanfarenzug der „Ückeritzer Dörpkapell" das „Ückeritzer Kartoffelfest", denn am

8. September anno 1746 bekam der Ückeritzer Dorfschulze vom Amt Pudagla die erste Saatkartoffel in die Hand gedrückt. Doch kaum einer dachte zunächst daran, das fremde Gebilde in seinem Garten anzubauen und als „nahrhafte Speise" zu sich zu nehmen. Ähnlich hatten zuvor die Pommern in Kolberg reagiert, wo Friedrich der Große einen Frachtwagen voller Saatkartoffeln auf dem Markt anliefern ließ. „Durch Trommelschlag erging in der Stadt und in den Vorstädten die Bekanntmachung, dass sich jeder Gartenbesitzer zu einer bestimmten Stunde vor dem Rathaus einfinden sollte, da des Königs Majestät ihm eine besondere Wohltat zugedacht habe", weiß der Seefahrer Joachim Nettelbeck aus seinen Kindheitstagen zu erzählen. Nach Verlesung einer umständlichen Anleitung über die Bewirtschaftung der Kartoffel, die kaum einer verstand, „rochen, schmeckten und leckten" die Kolberger an den Knollen, reichten sie jedoch kopfschüttelnd weiter oder warfen sie den Hunden vor, die ebenso wenig Interesse zeigten. „Nun war ihnen das Urteil gesprochen."

Gleichwohl setzte Friedrich II., Preußens großer Visionär, seinen Plan durch, schickte Feldwächter zu „Kartoffelbesichtigungen" und brummte Widerspenstigen Geldstrafen auf. Doch auch bei jenen, die sich redlich um den Anbau bemühten, lief nicht alles wunschgemäß ab, schildert Joachim Nettelbeck. Manch einer warf die Kartoffeln enttäuscht „auf den Kehrichthaufen", andere „steckten sie hie und da in die Erde, ohne sich weiter um sie zu kümmern", oder schütteten sie zu einem Haufen auf, sodass sie zu einem „dichten Filz" ineinanderwuchsen. Aus Schaden wird man klug. Und so ging die Domänenkammer 1746 auf Usedom anders vor, verteilte mit den Saatkartoffeln eine Gebrauchsanweisung, worin geschrieben stand, dass die Knollen im Frühjahr anzusetzen seien, „sobald sich die Erde handthieren lässet“. Als Erntezeit wurde Ende September nach Michaelis empfohlen. Zudem gab es Tipps zur Zubereitung „mit und ohne Fleisch“, nachdem man die Kartoffeln „mit einem stumpfen Besen im Wasser“ gereinigt, gekocht und dann „die Haut davon abgezogen“ hatte. Damit versuchten die Ückeritzer ihr Glück. Und feiern ihr Kartoffelfest heute mit frisch gerösteten Kartoffeln am Lagerfeuer (nicht zu verwechseln mit „Pommes Fritz“!), Kartoffelpuffern frisch aus der Pfanne und heißer Kartoffelsuppe, gekocht und gewürzt von Frauen des Ückeritzer Heimatvereins. Guten Appetit!

Und wie hielt es Friedrich der Große selbst mit der Knolle, zu deren Anbau er seine Untertanen hartnäckig „encouragirte“, damit sie von ihnen „poussiret und nicht negligiret“ werde? Offenkundig verschmähte er sie. Denn auf keinem seiner Küchenzettel findet sich ein Kartoffelgericht, stellten Historiker unlängst fest. Zu Mittag und zu Abend servierten die Hofköche von Schloss Sanssouci opulente Menüs, deren einzelne Gänge aus mehreren Gerichten bestanden. Dabei favorisierte der feingeistige Feinschmecker französische Raffinessen, abgeschmeckt mit frischen Kräutern aus seinem Küchengarten. Gern verschmauste er Steinbutt und Lachs, Krebse, Hummer und Austern, an Fleisch gern Kalb, Hammel und Lamm, und an Geflügel Enten, Gänse, Fasane, Rebhühner, Kapaunen. Als Gemüse wurden Teltower Rübchen, Artischocken,

Champignons, Erbsen, diverse Kohlsorten und Sellerie aufgetischt. Kartoffeln – nicht. Woher die Aversion des Feldherrn gegenüber der Feldfrucht rührte, entzieht sich dem forschenden Blick. Auch von Voltaire erfahren wir diesbezüglich nichts. In seinen Memoiren erwähnt er lediglich die ungezwungene Atmosphäre, die ihn begeistert hatte.

Ab 1772, als Friedrich der Große bereits in den Alten Fritz umgetauft worden war, wurde die Kartoffel auf Usedom auf freiem Felde angebaut. Als Kehrseite der Errungenschaft kam die Schnapsfabrikation in Schwung und in ihrem Gefolge der Suff. Zumindest unter jenen, die „dermaßen an der Schnapsflasche hingen", wie es 1784 ein Regionalblatt beklagte, dass man fürchten musste, Branntweinkonsum sei wichtiger als „das liebe Brot". Runde zweihundert Jahre später charakterisierte der Schriftsteller Hans Werner Richter, 1908 als Sohn eines Fischers in Neu Sallenthin nahe Bansin geboren, die pommerschen Trinkgewohnheiten. Vor allem im Gasthof flossen Bier und Korn und Korn und Bier in beachtlichen Mengen in die trockenen Kehlen. „Von jemandem, der sich so volllaufen ließ, sagte man: ‚Jetzt löpt hei glick över.' Lief es bei ihm über, so stellte man ihn vor die Tür des Gasthofes oder brachte ihn auf einer Schubkarre zu seiner Frau nach Hause." Schlimmer war, als Schwächling dazustehen, als einer, der wenig oder gar nichts trank. Denn, so Richter in *Deutschland deine Pommern* (1970): „Ein ‚Süper' war ein ‚Süper' und nicht sehr angesehen, aber ein ‚Nicht-Süper' war noch weniger angesehen."

Darauf trinken wir – Schnaps hin, Schnaps her – „'n lütten Schluck aus die kleinen Gläsings!". Und schlagen uns den Bauch mit Usedomer Fischkartoffeln voll! Hierbei handelt es sich um ein „Löffelgericht", weil man die satt machende Speise, wie der Name schon sagt, mit dem Löffel isst. Fisch steckt in dem Gericht paradoxerweise nicht, die Zutaten bestehen aus Kartoffeln, Petersilienwurzeln und Zwiebeln, Milch und Sahne, Pfeffer und Salz, Muskat und Piment – nachzulesen im *Usedom-Kochbuch* (2012), worin zu den Fischkartoffeln Matjes, Aal in Gelee oder Brathering vorgeschlagen werden. Ein Strandläufer bietet das Kochbuch während der Saison vom Ostseebad Karlshagen bis nach Ahlbeck am Strand an. Sein Markenzeichen ist ein Bauchladen, der früher in einem Hamburger Kino mit Zigaretten im Einsatz war. Nun liegen in dem ausrangierten Umhängeshop Ostseebücher zum Verkauf, die der Strandläufer selbst schreibt und verlegt, tatkräftig unterstützt von seiner Stralsunder Ehefrau. Der Alte Fritz würde nicht schlecht staunen, blätterte er in dem 284-Seiten-Opus mit Kartoffelspezialitäten, die sich bestens in die Menüs seiner Tafelrunden fügten: Porree-Kartoffelpüree, Quetschkartoffeln, Dillkartoffeln, Schwenkkartoffeln, Rosmarinkartoffeln, Kartoffelklöße, Kartoffelplätzchen oder Kartoffeln mit Wirsing-Füllung. Letztere hätten dem Alten Fritz besonders gefallen, da er Kohl nachweislich sehr gemocht hat.

Lauschen wir zum Schluss Hans Werner Richters Lobgesang auf die pommersche Kartoffel. Samt ihrer friderizianischen Herkunft übertreffe sie jeden Geschmack. Im Unterschied zur bayrischen Kartoffel, die der Wahl-Münchner „zäh und matschig" und auch äußerlich eher unattraktiv fand, zergehe die weiße, mehlige pommersche auf der Zunge. Von „herber Süße“ sei sie, weshalb sie einen Mann lebenslang ernähren könne, „ohne dass dieser jemals die Lust oder den Geschmack an ihr verliert“. Und da Liebe durch den Magen geht: Immer Kartoffeln auf den Tisch! Danke, Alter Fritz!

An der Krumminer Wiek

Wo Ölbilder im „Hühnerstall" hängen und Seemannsgarn gesponnen wird

Allzu lange liegt die Zeit noch nicht zurück, dass es auffiel, wenn sich ein Auto in diese Gegend verirrte – in die zauberstille Beschaulichkeit an der Krumminer Wiek, einer weiten Ausbuchtung des Peenestroms wenige Kilometer von Wolgast entfernt. Im Frühling blühen neben der alten Lindenallee, die von der B 111, Usedoms Hauptverkehrsader, durch eiszeitliche Senken und Sölle nach Krummin führt, Rapsfelder über Rapsfelder. Goldene Meereswogen bilden sie im Wind, flüstern Weisen aus jenen Tagen, als Usedom noch „Uznam" hieß und Krummin „Crominino". Damals, im frühen Mittelalter, stiftete Herzog Otto I. von Pommern-Stettin hier ein Frauenkloster. Es war eine Zweigniederlassung des Zisterzienserordens auf der Insel Wollin, zurückhaltend und bescheiden in seinen Ausmaßen. Unverheirateten Töchtern des Usedomer Landadels diente das Kloster als Bildungs- und Versorgungsanstalt. Die Nonnen wurden vor Sonnenaufgang im Dormitorium geweckt, um in der Kirche zu beten und den Segen der Äbtissin entgegenzunehmen. Ein Gottesdienst mit Abendmahl und Beten im Kreuzgang beschlossen den Tag. Dazwischen lernten die Nonnen Rhetorik, Dialektik, Arithmetik, Astronomie, Geometrie, arbeiteten sie in der Landwirtschaft, halfen sie beim Fischfang. Die erste Äbtissin war 1305 Barbara Gräfin zu Gützkow, als nächste stand Jutta, Prinzessin von Pommern-Wolgast, dem Konvent vor.

Im Zuge der Säkularisierung wurde das Kloster 1563 aufgehoben, was den Adel zutiefst empört hat. Die Anlagen verfielen, verwitterten, bis außer Tonscherben hier und da nichts mehr übrig blieb. Auf dem Hügel nahe der Krumminer Wiek steht aber noch die ehemalige Klosterkirche auf einem Feldsteinsockel, umgeben von mächtigen Kastanien, Linden, Lärchen und Eschen, an denen Efeu emporrankt. Mehrfach wurde das backsteinerne Gotteshaus umgebaut, Chronisten vermuten gar, dass man es einst abgerissen und neu errichtet hat, da es „durch lanckheit der tydt breckhaftig und bugfellich" geworden war. Im Gründerrausch der Seebäder bekam St. Michael einen neogotischen Turm. Etliche Jahre zuvor predigte auf der Kanzel Pfarrer Wilhelm Meinhold, der sich zugleich auch als Autor betätigt hat, zum Beispiel mit seinen bis heute höchst unterhaltsamen *Humoristischen Reisebildern von der Insel Usedom* (1837) sowie mit seinem Roman *Die Bernsteinhexe Maria Schweidler* (1843). Der Geschichte der schönen Pfarrerstochter aus Koserow widmen wir uns auf dem Streckelsberg. Am Fuße dieses höchsten Kliffs der Insel bei Koserow suchte die zur Hexe Verdammte nach Bernstein, um Menschen in Not zu retten, was ihr zum Verhängnis gereichen sollte, doch am Schluss wartete ein Happy End. Der Roman wurde zum Klassiker und gehört mittlerweile zum Standardprogramm der Freilichtbühnen-Inszenierungen auf Usedom.

Ein Klassiker anderer Art liegt in der Krumminer Kirche neben Ansichtskarten und Broschüren zum Verkauf: das *Krumminer Backbuch* von „Anno domini 2005" in rot-weiß kariertem Wachstuchcover mit Rezepten von Frauen aus der Krumminer Kirchengemeinde zum „Nachbacken, Genießen und Erinnern", so im Vorwort. Anlass des Buches war die Eröffnung des Krumminer Klosters 1305, ein rundes siebenhundertjähriges Jubiläum. Die Rezeptsammlung enthält darum auch Ausgewähltes aus der Klosterbackstube, darunter Honig-Brot und Salbeitorte. Außerdem werden alte Maßeinheiten, zum Beispiel 1 preußischer Stof = ein halber Liter oder 1 preußische Metze = fünf Liter, erklärt –, dazwischen erbauen Bibelverse: „Habe nun Ruhe. // Iss. // Trink und habe guten Mut." Was auf den fünfundneunzig vorwiegend handgeschriebenen Seiten erstaunlicherweise fehlt: „Froschkuchen". Was das ist? Der berühmteste Kuchen im urigen, von Kletterrosen und Malven eingewachsenen Gartencafé *Naschkatze* gegenüber der Kirche, wo man auf kirschrot gestrichenen Möbeln unter üppigen Apfelbäumen von Zitronenfaltern umflirtet wird!

Nur ein paar Schritte weiter liegt in Krummin eine weitere Einkehr: die *Pferdetränke*. Im Bauerngarten hinter einem stattlichen Fachwerkanwesen winken aus

Zinkmilchkannen blau-gelbe Stiefmütterchen, alte gusseiserne Gartenzaunteile sind dekorativ in den Rasen gerammt, in Körben stecken Steingutkrüge, die früher bei Oma im Küchenregal standen, Laternen spenden neben Baumbänken unter Fliederbüschen stimmungsvolles Licht, Brot kommt frisch aus dem Steinofen auf den Tisch. Radler und Wanderer machen an diesem stillen Winkel gerne Rast, löschen ihren Durst mit Inselbier aus der Heringsdorfer Privatbrauerei, stärken sich mit Schmalzstullen und decken sich im Laden mit Hirsch- und Wildschweinsalami, Bio-Schafskäse oder auch selbst gehäkelten Eierwärmern als Mitbringsel für zu Hause ein.

An der Krumminer Wiek liegt auch Neeberg, das aus einem slawischen Runddorf hervorgegangen ist. Hier gibt es noch Wege mit buckligen Feldsteinen, zwischen denen Löwenzahn sprießen darf, wie er will, kann man auf einem Steg am Achterwasser neben Schilfröhrichten die Beine baumeln lassen und die Ruhe hören. Unversehens wird die äußere Ruhe zur Seelenruhe, die in unserem Bildschirmalltag zum ärgsten Feind geworden ist und oft gar nicht mehr zum Leben gehört. Doch nun ist dieser wohltuende Zustand plötzlich da, fühlt es sich an, als sei man bei sich – ganz nah!

Kunstfreunde und Gartenliebhaber zieht es in Neeberg in die Dorfstraße zu Margret Schreiber-Gorny. Die weithin bekannte Rostocker Malerin schuf sich auf ihrem Grundstück einen Feng-Shui-Garten aus Mohnblumen, Lavendel, Rosen, Tulpen in mannigfaltigen Lilatönen, Ziergräsern, Farnen, Moosen, Bambus und Vergissmeinnicht, dazu im ehemaligen Hühnerstall am Tor neben ihrem sanddornfarbenen Reetdachidyll eine Galerie, in der sie wechselnde Ausstellungen ihrer Ölgemälde präsentiert. Der Ort ist ein Traum, gewebt aus fernöstlichen Harmonien und stillen Inselimpressionen. Man möchte bleiben. Für den Rest der Welt unerreichbar sein. Kann man. Einschließlich Malkurs in einer Ferienwohnung unterm Dach mit historischem Gebälk!

Segler machen ihr Boot im Naturhafen Krummin fest, der eine „eigene Seele" haben soll. Das jedenfalls meinen jene Wassersportler, die Jahr für Jahr hier vor Anker gehen, abends am Hafenmeisterhäuschen in kleiner Runde Geselligkeit pflegen und Seemannsgarn spinnen.

Peenemünde

Moorbirkenbrüche und Mondraute bedecken die Kriegswunden

Leicht bewölkt war das Wetter – damals, am 3. Oktober 1942. Eine frische Brise wehte von der Ostsee. Peenemünde erweckte an jenem Herbsttag den Anschein, ein Ort unberührter Einsamkeit und Stille zu sein, so eine Dokumentation über die größte Waffenschmiede der NS-Zeit. In Wahrheit herrschte Ruhe vor dem Sturm. Denn trotz strengster Geheimhaltung und Sicherheitskontrollen sprach sich unter den zehntausend Beschäftigten der Heeresversuchsanstalt wie ein Lauffeuer herum: Am Prüfstand 7 steht die Flüssigkeitsrakete A 4 unmittelbar vor dem Start. „Schon knackte es im Lautsprecher", schildert Ruth Kraft die Szene in ihrem berühmten Roman *Insel ohne Leuchtfeuer* (1959). Die Schriftstellerin hatte sich 1940 als technische Rechnerin in der Aerodynamischen Abteilung der Versuchsanstalt verpflichten lassen, mit gerade mal zwanzig Jahren. „Eine Stimme verkündete: ‚X minus drei. – Zeit läuft.'" Die Menschen, die zusammengekommen waren, auf Barackendächern dicht gedrängt saßen, hielten den Atem an. X minus zwei ... X minus eins ... Dann schoss die Rakete, „ein 14 Meter hohes metallenes Ungeheuer", mit donnerartigem Brüllen senkrecht in die Luft, umgeben von Rauchwolken über dem Kieferngehölz. „Der immer schneller werdende Flugkörper bog nach knapp fünf Sekunden Flugzeit in den vorgeschriebenen Umlenkbogen ein, als gehorche er einem unhörbaren Befehl." Sechs Jahre hatte es bis zu der „Welturaufführung" gedauert, arbeiteten Wissenschaftler und Konstrukteure unter der Leitung von Wernher von Braun an der Entwicklung der schwarz-weißen Rakete, welche eine Sprengladung von siebenhundertfünfzig Kilogramm über eine Mindestentfernung von zweihundert bis dreihundert Kilometern tragen und das anvisierte feindliche Ziel möglichst punktgenau treffen sollte. Die NS-Propaganda sprach von einer „Wunderwaffe", setzte die A 4 später unter der Bezeichnung V 2 zur Vergeltung gegen England ein, nachdem die Luftschlacht im Sommer 1941 verloren war.

Über Mythos und Geschichte von Peenemünde wurde viel geschrieben, erbittert diskutiert. Symbolisiert doch der Ort Aufbruch und Untergang zugleich: den Beginn der zivilen Raumfahrt mit Mondlandung und interkontinentalem Satelliten-TV (sofern man dieses denn positiv bewerten will) sowie Hitlers verbrecherischen Krieg und das sich anschließende atomare Wettrüsten zwischen den Westmächten und dem Ostblock in der ideologisch einbetonierten Epoche des

Kalten Krieges. Ausgelöst durch die „weißen Blitze", jenen bis nach Schweden sichtbaren Kondensstreifen der wiederholt abgefeuerten A 4, schickten die Engländer 1943 Aufklärungsflugzeuge Richtung Usedom, dann folgten ihre Bomber – 596 an der Zahl. Die Raketenprüfstände verfehlten sie, stattdessen trafen sie die Baracken der Zwangsarbeiter. Und weite Teile des übrigen Areals.

Peenemünde blieb bis zum Ende der DDR militärisches Sperrgebiet. Rundfahrten in Sonderkleinbussen vom Flugplatz aus führen seither durch das gespenstische Gelände aus Ruinenrelikten und Bunkern hinter verwildertem Gestrüpp, welches lediglich an gesicherten Stellen für die Öffentlichkeit zugänglich ist. Etliche Filme wurden in dieser Szenerie gedreht, darunter von der DEFA *Die gefrorenen Blitze* (1967) und *Anflug Alpha 1* (1971) sowie große Teile von Roman Polanskis Politthriller *The Ghostwriter* (2010). Dutzende Schilder warnen im Küstenwald mit „Vorsicht, Lebensgefahr!". In den Böden lauern geschätzte achthundert Tonnen Munition. Sie zu bergen und zu entschärfen wurde wegen des extrem hohen Risikos nie in Erwägung gezogen. Und so wuchsen Moorbirkenbrüche über die Kriegswunden, wucherten Gräser, breiteten sich Sumpfporst, Ruthes Knabenkraut und die Echte Mondraute aus. 2005 erhielt der Peenemünder Haken, den man achtzig Jahre zuvor als eines der ersten Gebiete Deutschlands unter Naturschutz gestellt hatte, einschließlich der Windwatten das Prädikat „Nationales Naturerbe" – auch dank seiner seltenen Fauna wie dem Großen Feuerfalter, dessen orangefarbene Flügel in der Sonne schimmern, als seien sie mit Goldpuder bestäubt.

Die Kulisse um das ehemalige Kraftwerk, seit 1991 Sitz des *Historisch-Technischen Museums*, wirkt eigentümlich bizarr: riesige Parkplatzflächen, Stacheldrahtmauern, Souvenirstände, Wurstbuden, am Pier ein U-Boot – kein Relikt der deutschen Reichsmarine, wie viele Touristen glauben, nein, das graublaue U-461 stammt aus der Baltischen Rotbannerflotte der Sowjetunion und ist seit 1998 zwecks Besichtigung in Peenemünde Dauergast. Der U-Boot-Shop gegenüber dem „größten U-Boot-Museum der Welt“ verkauft U-461-Basecaps in „zeitlos modischem Stil“, T-Shirts mit schwarz-weißem Aufdruck „Rakete Peenemünde“ oder „Killer Submarine“, die Produktbeschreibung lautet: 190 g Baumwolle, Rundkragen, TOP-Qualität. Auch Panzerspangen gehören zum U-Boot-Shop-Sortiment, Abzeichen „Auf großer Fahrt“ oder Sowjetsterne in „Alu, lackiert“. An der Kasse ein Peenemünder, der zu allen Fragen geduldig Rede und Antwort steht, darunter immer wieder: „Haben Sie auch was von Hitler?“ – „Nee!“

Für die Dauerausstellung im Kraftwerk reicht ein Tagesbesuch nicht aus. Um sich dem Unbegreiflichen zu nähern, muss man häufiger kommen – möglichst außerhalb der Saison, wenn sich Stille über Peenemünde legt, die Architektur der „Geheimen Kommandosache“ noch monströser als ohnehin wirkt. Über viereinhalb Millionen Besucher zählt das Museum seit seiner Eröffnung 1991. Und das Interesse hält ungebrochen an, nimmt sogar zu.

Alljährlich im Herbst findet in der ehemaligen Turbinenhalle des Kraftwerks der große Abschluss des Usedomer Musikfestivals statt, dort, wo Geist und Ungeist regierten, sich Genialität und totalitärer Wahnsinn liierten, was immer neu zum Rückschauhalten und Nachsinnen anregt. Unter dem Motto „Zukunft der Ostsee“ spielte 2012 das Orchester *Baltic Youth Philharmonic*, dirigiert von Kurt Masur. Zehn Jahre zuvor, 2002, war unter der Leitung des international renommierten Moskauer Cellisten Mstislaw Rostropowitsch Benjamin Brittens War Requiem zu hören – aus Anlass des sechzigsten Jahrestages des ersten erfolgreichen Abschusses der A 4, welche im Zuge der Operation „Mondscheinsonate“ als V 2 in England schlimmste Verheerungen anrichten sollte.

Benjamin Britten, ein überzeugter Pazifist, hatte sein Kriegsrequiem zum Gedenken an die von deutschen Fliegern in Schutt und Asche gebombte Kathedrale von Coventry komponiert. 1962 wurde das einem Oratorium ähnelnde Werk im neu erbauten Gotteshaus uraufgeführt. Als Zeichen der Versöhnung sangen im Chor deutsche und englische Gesangskünstler, hatte Benjamin Britten für die Solostimmen den englischen Tenor Peter Pears und den deutschen Bariton Dietrich Fischer-Dieskau ausgewählt. Der liturgische Friedenswunsch endet mit den Worten: „Ich bin der Feind, den du getötet hast, mein Freund – nun lass uns schlafen.“

Mit der Fähre zum Fischereihafen Freest

Blau-weiße Kutter, rote Reusenfähnchen und bunte Fischerteppiche

Spieglein, Spieglein an der Wand, wer ist der Schönste im ganzen Land? Der mit dem Dreifisch? Oder mit dem Anker? Der mit der Möwe? Oder der mit der Kogge? Fischerteppiche heißen die handgeknüpften Kunstwerke in den Farben der Ostseelandschaft: Pommernblau, Wolkenweiß und Meeresgrün, Sonnengelb oder an Sandstrand erinnerndes helles Beige. Zwölf Farben werden für die Teppiche benutzt, darunter auch das leuchtende Backsteinrot der Hansestädte und alten Dorfkirchen an der Küste. Zum Auslegen in Stuben oder auf Fluren waren die Teppiche nie gedacht, obgleich sie weich und wärmend sind und Schall dämmen. In unterschiedlichen Größen dienten sie stets als Schmuck – an der Wand, auf der Kommode, auf dem Tisch. Als Nebenerwerb hatte das Knüpfen um 1930 begonnen, nachdem der Fischreichtum in der Ostsee stark zurückgegangen war und viele Fischerfamilien besonders auch durch die Weltwirtschaftskrise verarmten. Um sich ein paar Groschen dazuzuverdienen, saßen Großeltern, Eltern und Kinder gemeinsam oder abwechselnd im Winter an den Webstühlen, nachdem das auf Millimeterpapier gezeichnete Motiv maßstabsgetreu auf das Fadengerüst übertragen worden war. Die exakt ausgezählten, oft über fünfhundertfünfzig dicht beieinanderliegenden Wollfäden, getrennt nach Vorder- und Hinterfäden, ließen sie über die Walze laufen, hantierten geschickt mit Klopfer und Fischernadel – nur eines im Blick: die Knoten. Denn je mehr Knoten ein Teppich hat, pro Quadratmeter zwischen fünfhundert und achthundert, desto haltbarer ist er und damit zugleich auch wertvoller. Anderthalb Monate Arbeitszeit stecken in einem geknüpften Quadratmeter. „Wi knüppen und wäben // ei'n Teppich för't Läben!" So klingt pommersche Bescheidenheit. Überdauert doch ein Fischerteppich mehrere Generationen, sofern sich nicht Motten vorher an seinem Flausch gütlich tun.

Gegenüber von Peenemünde auf dem Festland in bester Nachbarschaft zur Marina Kröslin liegt das Fischerdorf Freest. In der *Heimatstube*, untergebracht im ehemaligen Zollhaus, wird die Geschichte der Fischerteppiche gepflegt und anhand von Webstühlen, Knüpfmustern und Knüpfwerkzeug sowie einer hübschen Sammlung von Teppichen präsentiert. Außer maritimen Motiven werden auch Waldsymbole, zum Beispiel Eichenblatt und Eichel, Eichhörnchen und Hirsch, in die Teppiche gewebt. Und unter den christlichen Motiven findet sich hauptsächlich das Herz Jesu, das mit zwei Pfeilen durchstochen ist.

Freest war seit 1953 ein Zentrum der Knüpferei, würde es auch künftig gern wieder sein. Gegen Ende der DDR schlief das Handwerk ein. Langsam regt es sich indes wieder, werden wieder mehr Fischerteppiche geknüpft. In der *Heimatstube* wie auch im *Kulturhof Mölschow* auf Usedom kann man dabei zuschauen oder die mühevolle Technik selbst ausprobieren. Doch bis die Ostseewellen, die häufig die Kanten umranden, wirklich stimmen, heißt es üben, üben, üben. Da nimmt man denn schon lieber fertige Teppiche mit, die an beiden Orten verkauft und gern nach individuellen Wünschen angefertigt werden. Ein beliebtes Motiv ist der Freester Dreifisch um ein Steuerrad oder um einen Seestern herum. Seesterne mit Strass schmückten früher Pommersche Brautkronen. Ein solches Prachtexemplar aus roséfarbenen Blüten gehört auch zu den Exponaten in der Freester *Heimatstube*. Was noch? Wird nicht verraten! Nur dies: Die *Heimatstube* ist ein liebevoll gestalteter stiller Winkel zum Freester Fischeralltag und Dorfleben verklungener Zeiten – „ein Juwel am Weg“, schrieb jemand ins Gästebuch.

Ein Ausflug nach Freest lohnt sich besonders mit der Personenfähre vom Pier in Peenemünde. Die MF *Apollo I*, immer auf Fahrräder eingestellt und mit hilfsbereiter Crew besetzt, braucht für die Passage zwanzig Minuten. Dichte Röhrichtbüschel huschen am Auge vorbei, Kormorane sitzen wie Speerspitzen auf Buhnen, Richtung Greifswalder Bodden weitet sich der Horizont. Fernglas raus und die Greifswalder Oie mit ihrem achteckigen Backstein-Leuchtturm von 1855 „ranholen“ sowie vorm Peenemünder Haken die vierhundert Jahre alte Lotseninsel Ruden. Beide Vogelparadiese, beispielsweise für Grasmücken und Karmingimpel, Silbermöwen und Mantelmöwen, Eisenten und Haubentaucher, sind für den Tourismus tabu. Tagesausflüge einschließlich Landgang bietet allerdings die Peenemünder Fahrgastreederei mit ihrem Motorschiff *Seeadler* an. Auf gut Glück ergattert man selten einen Platz, darum rechtzeitig reservieren! Oft sind die Fahrten auf Wochen hin ausgebucht.

Heitere Stimmung umgibt den Freester Fischereihafen. Blau-weiße Kutter schaukeln in der Sonne, als winkten sie den Ankommenden zu. Und ein Aufkleber verkündet: „Freest – man kennt sich." Überall hört man Platt. Um die Fischerhütten stapeln sich Fischkisten, kreischen Möwen. Rote Reusenfähnchen flattern im Wind. Berge von Netzen liegen aufgetürmt. Ein wohlgenährter schwarzer Kater guckt nach dem Rechten, als sei er der Hafenchef. „Der frisst gern Dorsch, Hering mag er nicht!", nickt ein Fischer und stellt klar, dass der Kater einer von ihnen ist.

Rund drei Dutzend Kutter gehören zur Freester Fischereigenossenschaft, die es klug verstanden hat, nach 1990 weiter zu existieren. Vom Greifswalder Bodden über das Arkonabecken bis in die Gewässer östlich von Bornholm ist ihre Flotte unterwegs. Hauptsächlich wird Hering, Flunder und Dorsch gefangen, aber auch Schnäpel, Steinbutt, Zander, Barsch oder Plötze und nicht zuletzt Hornfisch, der schon viele Erstesser mit seinen grünen Gräten verschreckt hat. Im Mai zieht der aalähnliche Raubfisch, der ein ausgezeichneter Schwimmer ist und über einen halben Meter lang wird, von der Ostsee in die flachen Bodden und landet dort, wenn er Pech hat, sofort im Netz. Gourmets schwören auf das zarte weiße Fleisch, preisen es als Delikatesse. Stampfkartoffeln und Rhabarberkompott werden traditionell zu Hornfisch gereicht, und dieser mundet gebraten, gegrillt, geräuchert oder auch sauer eingelegt. Tipp: Auf den sommerlichen Hornfisch-Festen in Freest und auf Usedom alle Varianten kosten!

Im Herzen von Freest steht Vorpommerns älteste Räucherei, bewachsen mit wildem Wein. Das flache Ziegelgebäude von 1926 geht zurück auf die „Braterei, Räucherei und Marinieranstalt", die Robert Thurow 1891 hier eröffnet hat. Bis heute führt die Familie ihren Betrieb und besitzt noch immer ihre Altonaer Öfen, die mit Buchen- und Erlenholz befeuert werden. Die gemauerten Öfen mit den schweren Eisentüren kamen um 1900 in Ottensen auf, einem Stadtteil von Altona – heute Hamburger Szenetreff. Kleinheringsdorf wurde Ottensen früher genannt, als an jeder Ecke Fischräuchereien aufmachten und Kauffreudige anlockten. In Thurows Ladengeschäft hat man die Qual der Wahl, welche der Räucherstücke in Lamettagold man mitnehmen oder vakuumverpackt nach Hause schicken lassen soll: Bückling? Sprotten? Heilbutt? Butterfisch? „Tau giern ät ik den'n Rökerfisch, // am leiwsten Rökeraal", dichtete ein Kunde auf Platt, „dei kümmt as Spickaal up den'n Disch, // dat is dei ierste Wahl." Alles klar?

Freest ist eine Welt für sich. Fast alles dreht sich hier um Fisch. Das teilt sich auch bei den „Wetterhähnen" mit. Denn häufig sind sie Wetterflundern oder Wetteraale!

Zinnowitz
Strandkorbgeschichten

Bäderarchitektur? Nein, dieser Fisch, quittegelb, noch dazu aus Blech und Stahl, hat mit jenem Stil, der typisch für die Usedomer Seebäder ist, rein gar nichts zu tun. Oder vielleicht doch? Im Sinne von schwimmen gegen den Strom? Ursprünglich hatte man das praktische Gehäuse, im DDR-Amtsdeutsch eine Stabnetztonne, als Strandkorb-Lagerhalle genutzt. 1996 war davon nicht mehr viel übrig, bedurfte es allerhand Vorstellungskraft, um den einstigen „Musterbau“ noch zu erkennen. Der Intendant der Vorpommerschen Landesbühne Anklam, Wolfgang Bordel, suchte damals auf Usedom eine Dependance für sein Haus. Hier in der Seestraße in Zinnowitz fand er den richtigen Ort. Die Idee für einen passenden Bau lieferte der Greifswalder Architekt Klaus Marsiske, der auch das Anklamer Theater umgestaltete und für ausgefallene Lösungen immer eine Ader hat. So schlug seine Skizze den Abriss der maroden Lagerhalle vor, um eine ähnliche neu zu platzieren – mit Rückenflosse auf dem Dach, vorn Fischkopf, hinten Schwanzflosse, dazu ein Foyer mit Windfang. Das Wagnis klappte, im Sommer 1997 hieß es: Vorhang auf! Und weil das Wortungetüm „Urlauberbegegnungsstätte“ nirgendwo auf Begeisterung stieß, dachte man über Alternativen nach, bis *Die Blechbüchse* als Theatername aus der Taufe gehoben war. Die oft ausverkaufte Sehenswürdigkeit liegt fünf Minuten entfernt vom Zinnowitzer Strand! Wie ein inszeniertes Kontrastprogramm rundherum Villen, Palais und Hotels mit kunstvollen Kupfertürmen und Laubsägeschnitzereien, Freitreppen, Fachwerkverzierungen, mit Ornamenten geschmückte Fassaden, gusseiserne Balustraden und Zäune – Bäderarchitektur wie aus dem Bilderbuch.

Wer in die Zinnowitzer Geschichte reisen mag, und dazu lädt das Ostseebad auf Schritt und Tritt ein, vergleiche historische Ansichten mit aktuellen Fotografien, zum Beispiel von *Schwabe's Hotel* in der Dünenstraße, wo die Romanautorin Hedwig Courths-Mahler ab 1905 wiederholt ihre Ferien verbracht hat. Das heutige *Palace* sieht fast noch (oder wieder) genauso aus wie das damals „vornehmste Haus am Platz“. Es besaß eine Weindiele und eine Weingroßhandlung, eine eigene Konditorei und ein Salon-Orchester für Abendkonzerte und den Fünf-Uhr-Tanz-Tee. Als Usedom Fernsprechanschluss bekam, hatte *Schwabe's Hotel* die Rufnummer Zinnowitz 1. Unter der Gästeprominenz fanden sich während der Weimarer Republik Außenminister Walther Rathenau sowie der Schriftsteller Hans Fallada, der hier mit den ersten Tantiemen den Erfolg seines Rowohlt-Bestsellers *Kleiner Mann, was nun?* (1932) begossen haben soll. Roman Polanski und Pierce Brosnan heißen die Star-Gäste unserer Tage. Während der Dreharbeiten von *The Ghostwriter* in Peenemünde logierten sie 2009 im *Palace*, widmeten dem Gästebuch: „Thank you for the great stay and your kindness!"

Mit Badehütten und Warmbadehaus, Badearzt, Apotheke, Kolonialwarenläden, Ausflugsbooten und Dampfschiffsverkehr blühte Zinnowitz auf. 1881 wurden 1400 Gäste registriert, 1894 schon 3104, 1910 betrug ihre Zahl 8658 und überrundete damit die der Einwohner beinahe um das Siebenfache. In jenem Jahr, das auch anderen Seebädern wachsenden Zustrom bescherte, gründete sich der *Inselclub Usedom*. Sein Motto: „Blaues Meer am weißen Strand // grüne Wälder an Ufers Rand. // Blüh und gedeih, mein Heimatland." Zur weiteren Ankurbelung des Fremdenverkehrs wurde ebenfalls 1910 die Bahnstrecke Heringsdorf–Zinnowitz in Betrieb genommen, die Strecke Wolgast Zinnowitz kam später dran.

Einen stillen Winkel zum Schauen, Schmunzeln, Träumen bietet das *Museum Zinnowitz*. Die Historische Gesellschaft Zinnowitz, ein kleiner rühriger Verein, richtete es 2004 in einem Trakt des Bahnhofs ein. Ostseegrüße im Büttenrand, Plakate, Prospekte, Fotoalben, Bademoden, Bernsteinfunde, Seemannsknoten, Navigationsgerät, Flaggen und Strandsouvenirs machen Lust, in verschiedene Epochen einzutauchen. Die erste große „Jubelfeier" fand 1909 statt, damals war Zinnowitz sechshundert Jahre alt. Aber nicht das Seebad, sondern der Ort, der mit seinen Äckern,

Wiesen, Weiden, Wäldern und seiner Fischerei ursprünglich zu Kloster Krummin gehört hatte. Nach dessen Auflösung wurde versucht, Zinnowitz auf eigene Füße zu stellen, was aber eher schlecht als recht gelang. „Auch aller gute Wille Friedrich des Großen vermochte nicht, dürren Sand in fetten Boden zu verwandeln“, erklärt in Fraktur ein schmales kurzweiliges Buch, das die „Badedirection“ herausgab und die Historische Gesellschaft 2009 nachdrucken ließ – zum siebenhundertjährigen Jubiläum von Zinnowitz. Viele Museumsbesucher sind überrascht, dass Friedrich II. den späteren Badeort überhaupt erst schuf, indem er das einstige „Zitz“, slawisch „Tzys“, was auf einen Sippennamen zurückgeführt wird, mit einer neuen Domäne und Kolonie 1751 zu Zinnowitz vereinte.

Exakt hundert Jahre später traf vom Landratsamt Swinemünde die Erlaubnis ein, Zinnowitz „gemäß § 40 der Gewerbeordnung“ als Seebad zu positionieren – auf Platz drei hinter Swinemünde und Heringsdorf. Als eines der größten Etablissements entstand das dreigeschossige *Belvédère* mit Wandelbahn und 55 Zimmern, „geschmackvoll tapeziert und gemalt“ sowie „elegant meubliert“ und mit „elektrischem Telegraph“ versehen, wie ein Zinnowitz-Führer von 1887 illustriert. Eine andere First-Class-Adresse war das *Hotel Glienberg* auf der gleichnamigen Anhöhe im Ort. Es verfügte über Billardzimmer, Lesekabinett und Kegelbahn und lud ein zu „Reunions“, jenen geselligen Zusammenkünften, die vornehmlich „der jungen Welt angenehme Abwechslung“ bieten wollten. Das *Hotel Eichenhain* in unmittelbarer Strandnähe, doch durch den Wald windgeschützt, genoss wegen seiner Table d'Hôte einen vorzüglichen Ruf. Jeden Tag zur selben festgesetzten Stunde trafen zu diesem Zeremoniell die Gäste ein, befrackte Kellner offerierten zum Auftakt Champagner, zum Essen Bordeaux und zum Dessert einen Portwein. Auf Etikette wurde großen Wert gelegt, ähnlich wie beim Kurkonzert, Tennisturnier, Bridge- oder Kricketspiel. Doch allmählich entdeckten immer mehr Gäste den Reiz von Restaurants, in denen man nach weniger strengen Vorschriften à la carte aß. Schon vor dem Ersten Weltkrieg wurde darum die Table d'Hôte vielfach abgeschafft. Fischfans stillen ihren Appetit heute gern im *Smutje*; die „Zinnowitzer Fischsuppe" aus Zander, Barsch und Lachs, kreiert vom Küchenchef, trat schon mehrfach im Fernsehen auf – nicht nur ein quotenträchtiger Genuss!

Amüsant lesen sich alte Zinnowitzer Annoncen zu Ferienappartements, nicht selten wie eine persönliche Ansprache formuliert: „Mein kleines hinter der Villa stehendes Häuschen enthält fünf geräumige Zimmer und Balcon, die einzeln und getrennt vermiethet werden können. Hochachtungsvoll ..." Viele Zinnowitzer Vermieter warben mit Vier- bis Sechs-Zimmer-Wohnungen einschließlich Veranda, Speisekammer und „Mädchengelaß" für mitgebrachtes weibliches Dienstpersonal, das auf die Kinderschar aufzupassen hatte. Bezüglich der Ausstattung wurde oft das Vorhandensein von „Sprungfedermatratzen" betont sowie der Umstand, dass Tisch- und Hauswäsche, Messer und Gabeln extra zu bezahlen seien. Die durchschnittliche Aufenthaltsdauer betrug in der wilhelminischen Zeit fünf bis sechs Wochen, heute sind es fünf bis sechs Tage. Zum Shopping ging man in den „Zinnowitzer

Basar", wo es Badeanzüge, Badekappen und Sonnenhüte gab, Klappstühle, Bernstein- und Muschelwaren, Zigarren, Zigaretten, Tabak, Pfeifen, Stöcke, Schirme, Malutensilien, Russische Drops, Liköre und Cognac, Pianinos „zum Kauf oder zur Miethe" komplettierten das Angebot. Noch einen Wunsch?

Als die Kumpels der IG Wismut nach der deutsch-deutschen Teilung Zinnowitz, das „Erste Seebad der Werktätigen", überströmten, wurde der *Preußenhof* zum Bergarbeiter-Domizil *Glück Auf*. Auch aus diesem Geschichtskapitel wird eine Menge im Museum ausgestellt. Trotz politischer Ressentiments gegenüber dem Erzfeind USA wurde in der Tanzbar mit Vergnügen – warum auch nicht? – „Cocktail Manhattan" gemixt. Die Ingredienzien hießen Adlershofer Wodka, Boonekamp und „Deutscher Vermouth", wohinter sich vermutlich Gotano (marketingtechnisch bewusst ohne „h") aus der Thüringer Weinkellerei Gotha verbirgt. 1977 eröffnete die IG Wismut in der Dünenstraße ihr Ferienheim *Roter Oktober* mit neunhundertfünfzig Betten. Inzwischen firmiert der Mammutbau unter *Baltic* – und blieb samt seiner Therme unverändert das größte Hotel auf Usedom. Kein stiller Winkel also.

Die einstige „Waldbühne" der IG Wismut wurde zur „Ostsee-Freilichtbühne". Alljährlich im Sommer finden dort die Vineta-Festspiele statt: mit Tanz und Gesang, pompösen Kostümen, Lichteffekten und Lasershow. Das Ensemble setzt sich aus Schauspielern des Theaters Anklam, Laiendarstellern und Eleven der Theaterakademie Vorpommern zusammen. Auch diese Schauspielschule – vom umtriebigen Wolfgang Bordel ins Leben gerufen – hat ihren Sitz in Zinnowitz, im

Heringsdorfer Weg, um die Ecke der *Blechbüchse*. Die Themen des Vineta-Spektakels variieren, drehen sich aber stets mit Herz und Schmerz um die versunkene Stadt, von der keiner richtig weiß, wo sie jemals lag. Auf Usedom vor Koserow? In Wollin? Bei Barth gegenüber der Ostseehalbinsel Zingst? Sicher scheint nur, dass „viel Böses“ unter ihren goldenen Dächern geschah, weil ihre Bewohner hochmütig und verschwenderisch waren. „Vineta, Vineta, du rieke Stadt ...“, begann der Fluch der Wasserfrau. Gern präsentiert sich Zinnowitz als heimliche „Kulturhauptstadt“ von Usedom.

Auf der Halbinsel Gnitz

Schwalben, die alten Glücksboten, sind wieder willkommen!

Welch ein Singen, Musizieren, Pfeifen, Zwitschern, Tirilieren mag um das Gutshaus derer von Lepel in Neuendorf zum Frühlingsbeginn zu hören gewesen sein! Und sicher stimmte in die Vogelschar aus Amsel, Drossel, Fink und Star auch die Schwalbe mit ihrem „wid, wid, wid" ein. In der großen Fachwerkscheune der Lepels werden die schwarzblau metallisch glänzenden Flieger beste Nistplätze gefunden haben. Ebenso im Stall. Lieben es doch die Vögel aus der Familie der Sperlinge, in geschützten Innenräumen zu sein, gern auch in Gesellschaft von Vieh. Lange galten Schwalben als Glücksboten, weil sie Blitzeinschläge und Feuer vom Haus abwehrten. Und Krankheiten. So wurde früher erzählt.

Wie die Lepel'schen Güter auf dem Gnitz aussahen, hielt die Kunstmalerin und Märchenautorin Hedwig von Lepel zwischen 1886 und 1889 auf Aquarellen fest. Sie war die Gemahlin von Bruno von Lepel, dem letzten Vertreter aus dem pommerschen Adelsgeschlecht, welches auf der Halbinsel seit etwa 1240 ansässig gewesen ist. Als Bruno von Lepel 1908 starb, verkaufte sein Sohn das Gnitzer Erbe an einen Vetter aus einem anderen Familienzweig. Bis 1945 existierte das Gut, nach der Vertreibung endete die Geschichte der Lepels auf Usedom. Doch blieb der Name präsent. So erinnerten sich noch eine ganze Weile manche Zinnowitzer an ihre Kinderjahre, als sie in den Wäldern derer von Lepel Maiglöckchen pflückten, die an Blumengeschäfte in Berlin verschickt wurden. Andere sprachen von jenen zwei majestätischen Eichen auf dem Neuendorfer Gutsgelände, die die zwei Söhne des Stammvaters auf dem Gnitz einst gepflanzt haben sollen. Das Alter der Bäume betrug um die siebenhundert Jahre. Nach dem Zweiten Weltkrieg starben sie schutzlos unter der Axt. Und das Gutshaus, erst Flüchtlingslager, dann Kindergarten, später Gemeindeverwaltung, verkam. 2002 ersteigerte es ein Thüringer Landschaftsarchitekt, sanierte das gesamte Ensemble mit hohem ökologischem Anspruch, stellte Grundriss und Gestaltung im Originalzustand wieder her. Dabei wurden die Innenwände nach historischem Vorbild mit Lehmziegeln gemauert und zur Schalldämmung mit Hanf isoliert, erhielt das Dach eine Biberschwanz-Kronendeckung. Das Nutzungskonzept sah mehrere Ferienwohnungen vor, eingerichtet mit rustikalen Holzmöbeln und pommerscher Keramik aus der Region. 2005 feierte Neuendorf die Eröffnung. Zu den Gratulanten gehörte auch Oskar Matthias Freiherr von Lepel.

Er wurde 1942 als Sohn des letzten Gutsbesitzers in Neuendorf geboren.

Zu den Feriengästen im Gutshaus gesellen sich seit 2007 Rauchschwalben, die regelmäßig im Frühling erscheinen. Diese besondere Gastfreundschaft ergab sich über den Naturschutzbund Deutschland (NABU), Landesverband Mecklenburg-Vorpommern, im Rahmen der Aktion „Schwalbenfreundliches Haus". Adressen, die die Zugvögel willkommen heißen, indem sie Balken, Brettchen oder Haken als Nisthilfen bereitstellen und eine Lehmpfütze anlegen, wurden und werden noch immer mit einer Schwalbenplakette ausgezeichnet, so eben auch der Gutshof Neuendorf. Seit Langem schon verringert sich der Schwalbenbestand in unseren Breitengraden beträchtlich. Rauchschwalben, die diesen Namen tragen, weil sie einst ihre Nester in Kaminen und Rauchfängen bauten, stehen mittlerweile auf der Vorwarnliste der Roten Liste gefährdeter Singvögel. Einer der Hauptgründe dafür ist die immer weiter fortschreitende Versiegelung ländlicher Kulturen, indem Schwalbennester als unangenehmer Schmutz gelten, Feuchtwiesen und Gräben trockengelegt oder Feldwege asphaltiert werden. Mücken, Fliegen, Käfer, von denen sich die flinken Flieger ernähren, verschwinden auf die Weise, ebenso Pfützen, aus denen sie Lehmbrocken picken, um diese mit Halmen aus Heu oder Stroh zu einem Nest in der typischen Architektur eines Halbrunds zu formen – „wid, wid, wid".

1820 hatte die Familie von Lepel das damals neu errichtete Gutshaus in Neuendorf bezogen. Doch ihr ursprünglicher Sitz war nah am Achterwasser das uralte Dörfchen Netzelkow – unweit der Insel Görmitz. Seit über dreißig Jahren erreicht man das Eiland über einen Damm auf einem Plattenweg (zum Radfahren wenig erholungstauglich!), vorbei an wippenden „Pferdeköpfen“, wie jene Pumpen schon zu DDR-Zeiten tituliert wurden, als man hier Erdöl aus den Tiefen gewann. Das Geschäft läuft nach wie vor, auch wenn die Produktion erheblich eingeschränkt wurde. Eine Augenweide sieht wahrlich anders aus. Doch Görmitz macht das Übel wieder wett, vor allem mit seinem Panorama wie auf einer Breitbildleinwand vom Inselufer übers Achterwasser Richtung Lieper Winkel und Loddiner Höft. Bei starkem Wind wähnt man sich fast am offenen Meer, hüpfen Schaumkronen auf den Wellen. Ist der Wind eher sacht, streichelt er sanft übers Grasland, wo sich Braunkehlchen und Bachstelzen, Uferschnepfen und Kiebitze, Drosselrohr-, Teichrohr- und Schilfrohrsänger heimisch fühlen oder zur Rast Quartier nehmen.

In Netzelkow steht eine der ältesten Kirchen von Usedom, St. Marien. Das gotische Backsteinkleinod hat keinen Turm, liegt im Schatten hoher Kastanien, die im Frühling ihre weißen Kerzen anzünden. Verwitterte Grabmale lehnen an der Kirchenaußenwand. Am frei stehenden Glockenstuhl zeigt eine der beiden Glocken Spuren des frühesten Lepel'schen Wappens, auf dem fünf Löffel, plattdeutsch: „Lepel“, über der Helmzier erkennbar sind. Ritter Gerhard von Lepel, 1236 bis 1241 als Truchsess des Fürsten von Mecklenburg bezeugt, soll wegen jenes Hofamtes den Spitznamen „Lepel“ erhalten haben. Truchsess bedeutete, Vorgesetzter des Trosses zu sein und damit oberster

Aufseher über die fürstliche Tafel. Ziehen wir den Bogen zu den erwähnten zwei Söhnen des Stammvaters auf dem Gnitz: Dies war Ritter Gerhard von Lepel!

Die Kirchentür ist meist verschlossen. „Schlüssel nebenan“, informiert ein kleines Schild. Gemeint ist die *Pfarrscheune*, wo man aber keineswegs immer jemanden antrifft. In dem gepflegten Fachwerkanwesen wurde 1797 Wilhelm Meinhold geboren, von dem wir bereits in Krummin erfuhren. Ein altes ausrangiertes Fahrrad mit Blumenkorb auf dem Gepäckträger steht als Blickfang am Zaun. „Weggeworfene und totgesagte Dinge“ werden hier wieder „zum Leben erweckt“, lautet die Philosophie der Pfarrscheuneninhaberin. Landhaus-Charme verströmen die Gästezimmer, in denen manch ein Gründerzeit-Sammlerstück zu finden ist. Ins Lesezimmer hinter der dielenartigen Küche mit liebevoll restaurierten Küchenmöbeln kann man sich zum Singen, Spielen, Stricken oder Reisetagebuchschreiben zurückziehen. Der Pfarrscheunengarten mit verschwiegenen Nischen reicht bis zum Achterwasser. Froh zu sein bedarf es wenig!

Ein Wanderweg führt nach Lütow an die Südspitze vom Gnitz. Generationen von Campern schwören auf diesen Platz im Naturschutzgebiet, wo Silbergras, Hahnenfuß und Sandstrohblumen gedeihen, Moorfrösche und Molche ihr Unwesen treiben, Rehe äsen, Hasen hoppeln und sich nicht selten der Seeadler zeigt. Eva-Maria Hagen pachtete 1969 in einem Lütower Bauernhaus das Obergeschoss „für 1000 Mark im Jahr“, so schrieb die Schauspielschönheit damals an den Liedermacher Wolf Biermann. Vom Fenster aus waren die Wolkenspiele überm Achterwasser zu sehen, auf den

Streuobstwiesen schlichen Katzen umher, an der Südseite des Bauernhofes wuchs wilder Wein. „Ich freu mich wie ein Kind auf Lütow und Dich.“ Die Mutter der ewigen Nina aus der Ehe mit dem Schriftsteller und Drehbuchautor Hans Oliva-Hagen verbrachte auch den Sommer 1970 auf dem Gnitz. „Der Himmel ist ohne ein Fitzelchen Weiß. Samtseidiger Wind, Blütenblatttreiben. Stillleben zum Abmalen.“ Ende August schrieb Eva-Maria Hagen ihrem „Liebmäulchen“ Zeilen über das Raunen der Feen im Schilf, über Tautropfen der Trauerweide, kauernde Lauerposten im Sauerklee, „denn trauschauwem“. Und über Abende mit Freunden schwärmte sie: „Wir haben Garn versponnen aus Mondlicht und Seidelbast.“

Von Lütow führt ein beliebter Wanderweg zum Möwenort, jenem Sandhaken, der mit seinen Salzwiesen und schmalen Sandstränden am äußersten Zipfel zu den schönsten Naturparadiesen Usedoms zählt. Die höchste Erhebung an der Kliffküste ist der „Weiße Berg“. Ein Findling im Wasser erinnert an reichen Fischfang 1769 und trägt darum die Bezeichnung „Reicher Stein“. 27 Schümer Blei (Karpfenfische, auch Brachse genannt) wurden damals in einer Stunde gefangen! Diese stolzen Fakten sind in den Stein eingemeißelt. 1 Schümer entsprach 12 Scheffeln, merkt Robert Burkhardt dazu in seiner *Chronik der Insel Usedom* (1911) an, also machte der Fang 324 Scheffel insgesamt. Dieses alte Maß, eigentlich ein Getreidemaß, lässt sich in heutige Kilogramm nur vage umrechnen, da es regional höchst unterschiedlich ausfiel. Ein Scheffel betrug über den Daumen gepeilt 55 Liter. Ein Liter entspricht im Allgemeinen einem Kilo. Aber eben nicht immer. Ausschlaggebend ist die Dichte des zu wiegenden Gegenstandes. Da zur Zeit der Drucklegung dieses Buches nirgendwo eine stimmige Antwort auf die Umrechnung jener 27 Schümer Blei an den Angelhaken zu kriegen war, gehen wir von 324 x 55 Kilogramm = 17,82 Tonnen Fangresultat aus! Andere Zahlen bewegen sich um die 14 Tonnen. Damals war der Fischreichtum im Achterwasser und Peenestrom so üppig, dass Fischer häufig Mühe hatten, mit ihren Booten vorwärts zu kommen. „Gott gebe ferner solchen Segen. Joh. Friedr. von Lepel", so schließt der Spruch auf dem Stein.

Stieleichen, Kiefern und riesige Wacholder säumen am Möwenort den Steilküstenweg, dessen dreißig Meter hohe Klippenwand von Uferschwalben durchlöchert wurde. Ihr leises „tschrrrip" untermalt die Stille – meidet man Hochsaison und Feiertage, wenn hier alles mit Kind und Kegel auf den Beinen ist!

Im *Galerie-Garten-Café*, geläufiger als *Biergarten*, auf dem Rückweg nach Lütow, geht es wie in Neuendorf „schwalbenfreundlich" zu. Denn auch diese Adresse zeichnete der NABU aus. In der Oase aus Trödel, Kunsthandwerk, ofenwarmem Blechkuchen und herzhafter Kost kleben zahlreiche Schwalbennester unterm Dach. Im Flatterflug lesen die Vögel Spinnen von den Wänden, schnappen sie stechende Insekten, was die Biergartengäste erfreut. Und gern schauen sie den Flugkünsten der Leichtgewichte zu, wie sie sich blitzschnell seitwärts, aufwärts, abwärts senken oder auch überschlagen. Ein Schwalbenpaar nistete im *Biergarten* vor einiger Zeit drinnen – mit dem Erfolg: auffallend weniger Fehltage des Personals wegen Unpässlichkeit!

Die Glücksboten nisten ohne Auszeichnung auf dem Gnitz schließlich um den Hofladen *Villa Kunterbunt* am Rande von Neuendorf. Bernsteinfarbene Hühner gackern frei laufend hier herum, zum Hof gehören Enten, Gänse, Wollschweine, Schafe, Pferde, ein Kätzchen und zwei Hunde. Selbstgemachte Gelees aus Äpfeln, Sanddorn, Himbeeren, Erdbeeren und Minze werden verkauft, selbstgemachter Schafskäse, selbstgebackenes Brot, auch Selbstgestricktes aus der eigenen Schafwolle mit Natursubstanzen gefärbt in Grün, Gelb, Braun oder Orange. Pippilotta Viktualia Rollgardina Pfefferminz Efraimstochter Langstrumpf würde sich hier sauwohl fühlen. Und Schwalben, egal, wie viele, sind immer herzlich willkommen. „2 x 3 macht 4, widdewiddewitt und Drei macht Neune // Ich mach' mir die Welt, widdewidde wie sie mir gefällt ..."

Lüttenort

Ein Berliner S-Bahn-Waggon wird zum Maleratelier

„Der is jut, der wird wat“, hatte Max Liebermann, Präsident der Preußischen Akademie der Künste, 1926 gesagt, nachdem ihn Otto Niemeyer-Holstein um ein Urteil zu einigen seiner Arbeiten gebeten hatte. Und die Begründung lautete: „Der klaut sich die Farben und Linien aus dem Meer. Det is keene schlechte Jejend zum Klauen.“ Otto Niemeyer war gebürtiger Kieler, sein Vater Theodor Niemeyer lehrte an der Kieler Universität als international renommierter Völkerrechtler. Künstlerfreunde hatten Otto Niemeyer geraten, seinem Namen etwas Unverwechselbares zu geben. Als Zusatz bot sich seine Herkunft aus Holstein an, woraus 1919 das Kürzel ONH wurde. Otto Niemeyer-Holstein war damals noch ein Suchender, brach verschiedene Anläufe zu einem Kunststudium ab, fand erst spät seinen Weg. Gleichwohl missfiel ihm der

Begriff Autodidakt: „Eine Quelle ist eine Quelle, ob man direkt aus ihr trinkt oder andere vorkosten lässt." Als er Karl Hagemeisters *Wellen im Sturm* (1915) in der Berliner Nationalgalerie zum ersten Mal im Original sah, gingen sie ihm nie wieder aus dem Kopf. Hingegen sprachen ihn Emil Noldes Meeresbilder kaum an. Die oft dunkel glühenden Farben erdrückten ihn, der selbst eher in Pastelltönen malte.

1931 kam ONH auf Kurs. Nach Aufenthalten in Ascona, wo sich damals die intellektuelle Avantgarde traf und Otto Niemeyer-Holstein Alexej von Jawlensky und Marianne von Werefkin sowie Arthur Segal begegnet war, verlegte er seinen Wohnsitz nach Berlin – im Schlepptau den *Lütten*, ein Geschenk der Eltern. Das kleine Boot hatten sie für Segeltörns ihrer Kinder auf der Förde gekauft. Otto war der „Käpt'n", blieb „Käpt'n" auch in der Metropole Berlin, vertellte mit Vergnügen Geschichten über riskante Manöver bei Wind und Wellen, was insbesondere Frauen beeindruckte und ihre Herzen höherschlagen ließ. So auch bei der promovierten Staatsrechtlerin Anneliese Schmidt, die Otto Niemeyer-Holstein 1927 in zweiter Ehe heiratete. „Wir waren füreinander bestimmt", erzählte Anneliese später dem gemeinsamen Schriftstellerfreund Achim Roscher, der über viele Jahre hinweg Gespräche mit ONH protokollierte und für eine Biografie auf Tonband aufgezeichnet hat. Anneliese liebte den „Käpt'n", wurde sein „Stüermann". 1928 segelten sie mit dem *Lütten* Richtung Leba, fanden aber zur „östlichen Rauheit" keinen Kontakt, machten kehrt, peilten Usedom an. Doch bevor sie dort für immer vor Anker gingen, folgten Malreisen nach Paris und Florenz. Dabei lernte Niemeyer-Holstein auf einer Zwischenstation in Basel den in Königsberg geborenen Maler Otto Manigk kennen, der sich 1939 in Ückeritz niederließ. Er wurde ein Lebensfreund. Ein anderer wurde Herbert Wegehaupt, der aus Westpreußen stammende Zeichner und Maler, der am Bauhaus in Dessau bei Paul Klee, Wassily Kandinsky, Oskar Schlemmer und Laszlo Moholy-Nagy studiert hatte und ebenfalls nach Ückeritz zog. Wegehaupt verband damals bereits mit Manigk, seinem Kommilitonen aus der Breslauer Zeit, eine enge Freundschaft. 1929 wurde er sogar sein Schwager, als er dessen Schwester Luise heiratete. Um das Trio ONH, Manigk und Wegehaupt etablierte sich eine Szene, die als Usedomer Künstlergruppe in die Kunstgeschichte einging. Fast alle ihre Mitglieder, darunter auch die Malerin Karen Schacht aus der Nähe von Dresden, hatten die Insel als Refugium vor den Nazis gewählt. Ückeritz wurde für sie zu einem stillen Winkel – fern der Diffamierungen „entarteter Kunst". Jedenfalls zunächst.

Doch zurück ins Jahr 1931. Sobald nach dem Winter die ersten warmen Sonnenstrahlen durch Wolkenlücken lugten, trieb es den „Käpt'n" und seinen „Stüermann" aus ihrer Berliner Dachwohnung am Zoo raus auf den Wannsee oder die Spree. Beide sehnten sich nach frischer Luft, Unbeschwertheit und weitem Horizont, segelten an einem Frühlingstag mit dem *Lütten* von der Havel zur Oder und von dort weiter über das Stettiner Haff auf den Peenestrom. Im Hafen von Stagnieß, wo heute Motorschiffe mit offenem Deck zu Rundfahrten auf dem Achterwasser starten, machten sie fest und wussten sofort: Usedom ist „ihre" Insel. Im

Frühsommer 1932 hissten sie abermals die Segel, landeten an der Krumminer Wiek auf dem Gnitz. Der kunstsinnige Verwalter der Lepel'schen Güter empfing sie mit offenen Armen, zeigte sich hilfsbereit, bot als provisorische Bleibe einen leer stehenden Bootsschuppen an. ONH, der sich aus Komfort nichts machte und gewohnt war, mit wenig Geld über die Runden zu kommen, geriet über Wochen in einen Schaffensrausch. Überall entdeckte er Motive, ob am Ostseestrand, am Achterwasser oder am Möwenort. Max Liebermann hatte recht, das Meer war „keene schlechte Jejend zum Klauen". Und so suchten der „Käpt'n" und sein „Stüermann" auf Usedom ein dauerhaftes Domizil. Zwischen Zempin und Koserow, an der schmalsten Stelle der Insel, fanden sie schließlich vierhundert Quadratmeter Brachland, kauften es samt Hafenbucht am Achterwasser, vergrößerten das Gelände nach und nach. Es war ein idealer Ort für den *Lütten*: Lüttenort.

Seit einer ganzen Weile schon hatte *Orion* den *Lütten* abgelöst, jener ehemalige Zweimastkutter, der heute am Ufer auf Dock liegt und auf dem Weg zum *Museum Atelier Otto Niemeyer-Holstein* immer wieder schmunzeln lässt, denn nach wie vor sind die Buchstaben WZRG lesbar, die ONH aufs Holz malte und hinter denen sich Wunschlos – Zeitlos – Restlos – Glücklich verbirgt. Oft schipperte der „Käpt'n" mit Freunden an Bord der *Orion*, sorgte für vergnügte Unterhaltung bei Brot, Wurst und Wein mit Anekdoten über seinen Vater, von dem er die Liebe zum Meer geerbt hatte. Und die Sprache dazu! Statt links und rechts, vorn oder hinten benutzte Theodor Niemeyer nämlich im Alltag grundsätzlich nur backbord und steuerbord, Bug und Achter.

Wenn ihm Otto ein Buch aus dem Regal neben der Tür holen sollte, hieß es entsprechend: aus der Südsüdwestecke. „Es ging bei ihm seemännisch zu, und ich habs von ihm rövergeholt."

Die „Urzelle" von Lüttenort war 1932 ein ausrangierter, räderloser S-Bahn-Waggon, den Otto Niemeyer-Holstein auf abenteuerliche Weise von Berlin nach Usedom transportieren ließ. Schwerstarbeit bedeutete die letzte Strecke von Zempin nach Lüttenort. „Wir mussten Meter um Meter ziehen und schieben." Geschwindigkeit: Siebzig Meter pro Tag! ONH, der eigentlich Gärtner oder Förster werden wollte, säte um den Waggon herum Rasen, legte Beete für Gemüse und Kartoffeln an, pflanzte Obstbäume, überbaute die skurrile Oase mit einem Haus, zimmerte eine Veranda, ein Gewächshaus für Kakteen und Pelargonien, eine Rosenpergola und das TABU – sein Atelier, welches bis heute im Original erhalten blieb und im Rahmen von Führungen besichtigt werden kann. Pinsel und Farbtuben liegen da wie eben noch benutzt herum. Und während man nur so staunend durch die verschachtelten Räume voller Kunst und antikem Mobiliar wandelt, glaubt man, jeden Moment könnte Niemeyer-Holstein mit seinem wehenden, fast schulterlangen weißen Haar vom Strand zurückkehren, wohin er Tag für Tag ging, genauer gesagt: Morgen für Morgen kurz vor Sonnenaufgang, immer an dieselbe Stelle hinter den Dünen, „wo sich die Dinge stoßen": Flutwellen, Steine, Strandgut, Sand. Die Buhnen sahen in seinen Augen immer anders aus, „manchmal ertrinken sie, stehen sie auf".

In der 2001 hinzugekommenen gläsernen Galerie geben wechselnde Ausstellungen stimmungsvolle

Einblicke in Niemeyer-Holsteins Werk. Und ein Film im Foyer begleitet den Maler 1982 bei seiner Arbeit an der Staffelei. „Der Strand ist meine große Geliebte", bekennt der Sechsundachtzigjährige in Holsteiner Norddeutsch. Zudem verrät er, dass er beim Malen starkes Sonnenlicht mied, weil es „zerstört", und dass er Pausen für „unendlich wichtig" hielt, „wie in der Musik".

Seinem Biografen Achim Roscher hatte Niemeyer-Holstein anvertraut: „Hier auf der Insel bleibe ich – wenn ich zu Bach gehe." Und so kam es auch. Im Februar 1984 starb der „Käpt'n" auf Usedom, im Oktober sein „Stüermann". Beide wünschten sich, dass Lüttenort als Ort der Begegnung weiterlebt. Vor allem auch der Garten, der ein eigenes Kunstwerk darstellt und heute unter Denkmalschutz steht. Komponiert aus Blauregen, Quitte, Kirsche, Flieder, Jasmin oder einem himmelstürmenden Birnbaum, an dem eine alte Holzleiter lehnt, setzen Skulpturen von Bildhauerfreunden wie Fritz Cremer, Wieland Förster oder Jo Jastram eigenwillige Akzente aus Marmor, Bronze, Sandstein.

Bodenexperten hatten seinerzeit gemeint, auf dem Brachland zwischen Ostsee und Achterwasser würde nie auch nur ein Grashalm gedeihen. Entstanden ist ein Paradies aus natürlich Gewachsenem und vom „Käpt'n" Geschaffenem – ein stiller Winkel, an dem die „Pommersche Nachtigall" gern ihre Arien singt. Der Potsdamer Gartenphilosoph Karl Foerster, den Otto Niemeyer-Holstein verehrte und von dem er das heitere Pfeifen im Freien übernahm, hätte zu Lüttenort vermutlich gesagt: Dem „Geheimnis der wandernden Zeit" wird hier ein „neues Lächeln" abgewonnen.

Durch den Buchenwald zum Streckelsberg

Mit der „Bernsteinhexe"
im Gepäck zum Vineta-Blick

Mit knapp sechzig Metern ist er das höchste Kliff auf Usedom. Viele Wege führen zu ihm hoch: von Kölpinsee oder Koserow durch den schönen alten Buchenwald oder vom Strand aus, wem Stufen steigen nichts ausmacht. Einst war es eine pure steile Sanddüne, die zu erobern „nicht ohne Beschwerde" vonstatten ging, so der Landeskundler Hans von der Dollen in seinen *Streifzügen durch Pommern* (1883–1886), auf denen er auch den Streckelsberg erklommen hatte: „Großartig ist die Aussicht aufs Meer, das als prächtiger Halbkreis sich in den mannigfachsten Färbungen zu unseren Füßen ausdehnt." Die Beschreibung trifft noch immer zu – mit dem Hochland von Jasmund auf Rügen im Nordwesten und im Osten den Bergen von Wollin. Dazwischen, weit draußen auf dem Meeresgrunde, soll Vineta versunken sein, jene sagenhafte Stadt, die Dichter unterschiedlichster Couleur zu Texten und Versen beflügelt hat, darunter 1825 Johann Ludwig Wilhelm Müller:

Aus des Meeres tiefem, tiefem Grunde
klingen Abendglocken dumpf und matt,
uns zu geben wunderbare Kunde
von der schönen alten Wunderstadt.

Müllers Name ist heute gewiss kaum noch jemandem ein Begriff, eher schon die Vertonung seiner Vineta-Verse 1860 durch Johannes Brahms für einen sechsstimmigen A-cappella-Chor. Auf Rügen gab der Komponist später seinem sinfonischen Debüt den letzten Schliff: „An den Wissower Klinken ist eine schöne Sinfonie hängen geblieben ..." Ja, ja, die Ostsee. Erich Kästner sah, als er ein kleiner Junge war, Nixen durch die Straßen Vinetas schwimmen. Heinrich Heine, der stets nur an die Nordsee reiste, sprach von „seidenrauschenden Jungfern". Und Selma Lagerlöf, die 1909 als erste Frau den Literaturnobelpreis erhielt, erzählt in ihrer zwei Jahre zuvor erschienenen *Wunderbaren Reise des kleinen Nils Holgersson mit den Wildgänsen* von geblümten Seidenstoffen, dickem Goldbrokat und schillerndem Samt in den Vineta-Geschäften ...

Alte pommersche Landkarten verzeichnen die reiche Stadt vor der Küste von Koserow. Doch gab sie ihre Schätze nie preis. Koserower Fischer indes bargen im 15. Jahrhundert ein mannshohes Kruzifix, das aus dem untergegangenen Vineta an die Meeresoberfläche gespült worden sein soll. Seither befindet sich das „Vineta-Kreuz" in der Koserower Kirche – dem einzigen mittelalterlichen Gotteshaus an der Außenküste von Usedom, zudem ein Backsteinjuwel mit dem letzten vollständig erhaltenen mittelalterlichen Flügelaltar auf der Insel. Von 1821 bis 1827 predigte hier Pastor Wilhelm Meinhold. Etwa zwei Jahrzehnte danach veröffentlichte er seinen Roman über die *Bernsteinhexe*, von dem bereits in Krummin die Rede war. Als Augenzeugenbericht gab er das Buch aus, vermeintlich entdeckt unterm Chorgestühl der Koserower Kirche „fast zu ebener Erde in einer Art Nische". Dabei hatte sich Meinhold seine Romanfigur ausgedacht – Maria Schweidler, die mit ihrem am Fuße des Kliffs entdeckten Bernstein, den sie zu Geld machen wollte, um den Armen Essen zu kaufen, ein Opfer von Intrigen wurde, die im Hexereiverdacht ihren dramatischen Höhepunkt fand. Doch am Ende brannte kein Scheiterhaufen, siegte das Gute. 2006 wurde die *Bernsteinhexe* in der Koserower Kirche zum ersten Mal aufgeführt. Man hätte eine Stecknadel fallen hören können, hieß es in der lobenden Kritik, so still war es, bis nach der Schlussszene frenetischer Beifall ausbrach. *Klassik am Meer* heißt das Kirchen-Programm, in dem die *Bernsteinhexe* inzwischen ihren festen Platz hat.

Wellenbrecher ragen aus dem Meer vorm Streckelsberg heraus, zum Schutz vor weiteren Kliffabbrüchen, die in den vergangenen Jahren beträchtlich waren. Vineta-Riff hieß früher jene Untiefe, heute Vinetabank, die etliche Schiffe stranden ließ. In der geometrischen Anordnung der Steine im Schlick vermuteten Seefahrer und Fischer Reste von Straßen und Gassen der von Stadttoren und Handelspalästen geprägten Ostseestadt Vineta. Der Überfluss und Hochmut ihrer Bürger beschwor das Unheil herauf. Und da jede Medaille zwei Seiten hat, tat der Untergang auch wohl, wenn man den Poesien des pommerschen Lehrers und Heimatforschers Richard Bartz von 1901 Glauben schenken darf:

Versunken alles: Lust und Lärm der Welt!
Fern liegt des Lebens lautes Arbeitsfeld.
Im Sand zerrinnt der Woge Glitzerschaum.
O Meeresrauschen! Goldner Sommertraum!

Auf dem Loddiner Höft

Traumblicke übers Achterwasser

Der Vergleich erinnert an die schottische Insel Arran, von der gesagt wird, dass sie im Kleinen bietet, was Schottland im Großen besitzt. Denn die Region mit der Bezeichnung Seebad Loddin wirkt wie eine Miniaturausgabe von Usedom: Wie auf der ganzen Insel gibt es hier auf eher engem Raum Steilküsten und Strand, Wiesen, Wald und Achterwasser. Und einen See, der denselben Namen wie der Loddiner Ortsteil Kölpinsee trägt. „Es ist hier herrlich", schrieb Hans Fallada 1932 seinem Rügener Freund Johannes Kagelmacher, „wundervolle Buchenwälder wie die Stubnitz, und der Ort ganz klein. 92 Einwohner hat er im Winter, da kann man sich erholen und faul sein und ist ferne von dem Geschmonz und Geschreie und Gesabber der Literatur." Aus Zinnowitz hörten wir bereits, dass Fallada nach Erscheinen seines Rowohlt-Bestsellers *Kleiner*

Mann, was nun? (1932) nach Usedom gereist war. Ein Jahr zuvor hatten Verleger und Autor den Erfolgsroman *Bauern, Bonzen und Bomben* auf den Markt gebracht. Ernst Rowohlt, der joviale Hüne, dessen Frau von Ringelnatz den Spitznamen „Steppenwolf" bekam, weil die lettische Schönheit im Kreise der Schreiber stets wie ein Fabeltier saß, konnte gut mit Fallada. Per Brief bat er ihn darum aus Berlin, „in Kölpinsee bei dem dortigen Räucherwarenhändler zwei sehr schöne Spickaale, ganz, ganz frisch, zu bestellen und diese durch Eilboten nach Grünheide zu schicken".

Kölpinsee wählten auch Lilian Harvey und Willy Fritsch, damals das Traumpaar des deutschen Films, zum Strandwandern und Auftanken aus. Ihr UFA-Streifen *Liebeswalzer* (1930) machte sie weltberühmt. Im 1897 eröffneten *Strandhotel Seerose* hatten sie sich einquartiert. Auch Frauenschwarm Hans Söhnker stieg dort ab. Weitere Filmberühmtheiten waren Brigitte Horney, Anny Ondra und die „Berliner Kodderschnauze" Grethe Weiser. Als Vier-Sterne-Superior wurde das Hotel 1997 neu eröffnet – mit Badelandschaft und Sonnenbänken, keine Minute entfernt von Ostseewellen und Strand. Von diesem durch eine Vordüne und einen gegen Sturmhochwasser 1928 errichteten schmalen Schutzdeich getrennt, liegt in einer Niederung der Kölpinsee, zu dessen Bewohnern der Schwarzmilan und das Blesshuhn zählen. Im Winter verwandelt Raureif die kahlen Birkenäste in Zuckerstangen. Der Frost friert jedes Kräuseln auf dem Wasser ein, prophezeit: „Ist der Januar hell und weiß, wird der Sommer sicher heiß!" Sobald die ersten wärmeren Sonnenstrahlen die Eisdecke auftauen und es rund um den Seesteg knackt, als knipsten Lurche erwartungsfroh das Frühjahr an, sieht man Bewegungseifrige auf dem Ufer-Trimm-Pfad ihre Rumpfbeugen machen, Muskeln an Ringen trainieren, sogar Bockspringen kann man!

Mit einer gänzlich anderen Szenerie überrascht das alte Fischerdorf Loddin am Achterwasser, abgeleitet vom slawischen „Loddino" für Lachs. Fuchs und Hase sagen sich an der einstigen Lachsbucht gute Nacht. Den Eindruck gewinnt man selbst im August, wenn auf den Terrassen der Fischrestaurants alle Tische und Stühle besetzt sind. Sobald die Dämmerungsbläue einkehrt und das Gläserklingen verstummt, ist nur noch das Wispern des Schilfrohrs zu hören. Oder ein bellender Hund.

Höhepunkt auch im wörtlichen Sinne ist am Ende der Landzunge das Loddiner Höft. Sandige Wege führen wie auf einem verkleinerten Globus zur Steilküste, die knappe zwanzig Meter schroff abfällt und ein aktives Kliff ist. Wie am Peenemünder Haken und anderswo an der Außenküste Usedoms spielt sich hier das immer gleiche Naturschauspiel aus Anlanden und Abtragen, Werden und Vergehen ab. Man möchte eine Staffelei aufstellen und die Traumblicke übers Achterwasser im gleißenden Licht auf die Leinwand bringen! Im Winter sieht man zuweilen in der Ferne jenen bemützten Loddiner, der mit seinen vier Stubentigern auf dem Eis Spaziergänge macht. Zwar hat er immer einen Schlitten mit einer Kiste und Wolldecken dabei. Doch nur manchmal springen die Samtpfoten da hinein. Früher holperte der Landwirt mit Pferd und Wagen bis nach Warthe gegenüber auf der Halbinsel Lieper Winkel, um Fisch zu holen. Heute wird das Eis nur noch selten so dick, dass es solche Lasten trägt. Mit Wintergarn zogen einst die Fischer am Achterwasser hinaus. Es war ein Netz aus gesponnenem und zu Garn gezwirntem Flachs. Bis zu acht Männer waren erforderlich, um die dreihundert Meter langen und zwölf Meter tiefen Tücher samt Sack, der den Fang aufnahm, unters Eis zu ziehen. Da keiner allein das Wintergarn herstellen und unterhalten konnte, teilte man es in Achtel oder Viertel Besitz unter mehreren Fischern. Diese Garnmannschaften, denen ein Garnmeister als Organisator vorstand, gaben sich originelle Namen, in Loddin beispielsweise Pogge, hochdeutsch: Frosch, in Zempin kursierten Ziege, Schwein und Esel, Hahn und Schaf. Manchmal wurde ein solches „Tier" verkauft. Am Hafen des alten Fischerdorfes Zempin erklären bebilderte Tafeln die Technik der Wintergarnfischerei – mit Eisäxten zum Schlagen der Eislöcher, Eisschaufeln, Garnschlitten und Eissporen, die die Fischer an ihren Stiefeln befestigten. Heute wird auch im Winter gefischt, doch hat Kunststoff das Eisgroßgarn verdrängt, und die wenigen Fischer fischen allein. Zeiten ändern sich.

Nach wie vor indes türmen sich in klirrender Kälte am Fuße des Loddiner Höfts wie auch am Strand Eisschollen auf, die zuweilen Eiswälle bilden, doch gewiss nicht so hoch wie vor zwölftausend Jahren, als Usedom aus dem Eis erwuchs. „Meine Insel ist nicht im Feuer entstanden", schreibt Rosemarie Fret in ihren bewegenden *Sehwegen auf Usedom* (2009), „auch nicht in einem warmen Korallenmeer." Die aus einer alten Anklamer Familie stammende Fotografin lichtete das Loddiner Höft in mystischer Stimmung bei Seenebel ab, lief in „mondloser Dezembernacht“ im Bademantel an den Strand, um sich in die eiskalte Ostsee zu werfen, das „große Glück“ spürend, jetzt und hier „lebendig zu sein“, und stets fabulierte die inzwischen knapp Achtzigjährige über die Eisfarben ihrer Insel von blendendem Weiß bis zu Schieferschwarz. „Sie kannte die Farbe Rot nicht, über Jahrtausende trug meine Insel kein Rot.“

Doch längst trägt Usedom Rot – in allen nur denkbaren Tönen, wenn die Sonne untergeht. Auf dem Loddiner Höft brennen sich die flammenden Ströme, gegossen in Orange, Safrangelb, Blau, Grau, Violett unauslöschlich in die Erinnerung.

Schöner wohnen im Usedomer Gesteinsgarten

Summ, summ, summ

Schon das Kopfsteinpflaster der über hundertfünfzig Jahre alten Allee, die auf der Höhe des Wockninsees in den Wald abbiegt, verspricht einen stillen Winkel, der wie ein Märchen beginnt: Es war einmal ... Und tatsächlich wird um das schöne alte Forsthaus in Neu Pudagla eine Geschichte erzählt, die wie ein Märchen fasziniert, denn, ja, es war einmal vor vielen, vielen Tausend Jahren, als sich aus den Hochgebirgen Schwedens, Norwegens und Finnlands gewaltige Gletscher quer über die heutige Ostsee erstreckten. Auf ihren Rücken schleppten sie Felsblöcke mit, die sich in den skandinavischen Bergen gelöst hatten. Dann kippte das Klima um, wurde es wärmer und wärmer, schmolzen die Eismassen, zogen sich die Gletscher in ihre skandinavische Heimat zurück. Dabei rutschten die Felsbrocken von ihren Rücken, donnerten und grollten, gruben sich in Sand, in Schutt, unzählige blieben frei liegen. Und wenn sie keiner wegschaffte, liegen sie da noch heute.

Der Usedomer Gesteinsgarten um das Forsthaus Neu Pudagla präsentiert einhundertfünfzig Findlinge, die zwischen Meer und Achterwasser auf der Insel entdeckt wurden. Jedes Exemplar hat ausreichend Platz, um seine Wirkung zu entfalten, umrundet, betastet und bestaunt zu werden. Im Sonnenlicht glitzern viele wie Schmuck, bei Nässe und Regen wirken sie wie lackiert, leuchtet ihr sonst eher mattes Grau, Blau, Braun oder Rostrot. Die Auswahl der Steine erfolgte in Zusammenarbeit mit dem Institut für Geologische Wissenschaften der Ernst-Moritz-Arndt-Universität Greifswald. Die Spannweite ihres Alters reicht von jugendlichen vierhundertfünfzig Millionen bis zu erhabenen zwei Milliarden Jahren. Ihre Namen sind Brekzie, Gabbro, Vulkanit, Pegmatit, Quarzit, Amphibolit oder Rödo und immer wieder Granit. Ihre Usedomer Fundorte heißen Lütow, Labömitz, Stubbenfelde, Bansin, Korswandt und Benz. Als Besonderheiten gelten ein Nexö-Sandstein mit Gletscherschrammen und ein Skolithos-Sandstein mit fossilen Wurmgängen – Stoff für Eiszeitmärchen, die auf ihre Niederschrift warten. Es war einmal ...

Die Freiluftausstellung ist nicht nur für Steinfreaks, Geologen oder Väter ein Gewinn, die ihren Kindern am Strand umfassendere Auskunft geben wollen als: „Feldspat, Quarz und Glimmer, die drei vergess' ich nimmer!" Gestaltet wie ein Landschaftsgarten mit Streuobstwiesen und Schatten spendenden Bänken wird daran gemahnt, dass in unserer „aufgeräumten Kultur" immer mehr Hummeln, Käfer, Schnecken verschwinden, weil sie kein Obdach mehr finden, sprich: Ritzen, Fugen und Löcher, wie sie Steinhaufen zur Verfügung stellen. Wie ein solcher aussehen und vielleicht sogar für den eigenen Garten infrage kommen kann, wird an Ort und Stelle lebendig demonstriert. Und siehe da: Zauneidechsen, die auf Steinen gern ein Sonnenbad nehmen, eilen herbei, Schmetterlinge wie der Mauerfuchs, die warme Steine brauchen, schützen sich hier, Erdkröten finden tagsüber unter Steinen den ersehnten Ruheplatz, und noch lange nicht am Schluss bauen sich Steinschmätzer aus der Familie der Fliegenschnapper zwischen den Steinen Nester. Weiße Fetthenne und Scharfer Mauerpfeffer sorgen für eine auch optisch ansprechende Atmosphäre. Und aus dem „Insektenhotel" gegenüber, wo Heupferdchen, Hirschkäfer und Weberknechte neben Mauerbienen und Waldbienen in Astlöchern, Schilfbündeln und Hohlblocksteinen eincheckten, tönt beruhigendes summ, summ, summ – Werbung für schöner Wohnen!

Bansin

Unterwegs mit Hans Werner Richter

Am Anfang war hier nichts – außer Sand und Dünen und ein paar Fischerbooten. Und das Fleckchen, das noch heute Bansin Dorf heißt, lag schon immer am Gothensee, nicht am Ostseestrand. Häufig wird es für eine neu gegründete ruhige Alternative zum Seebad Bansin gehalten. Doch es existiert bereits seit 1256. Hans Werner Richter, von dem wir im Zusammenhang mit dem Alten Fritz und seinen Kartoffeln sowie den pommerschen Trinkgewohnheiten hörten, schrieb über Bansin, das 1897 als Kur- und Seebad gegründet wurde, viele schöne Geschichten – in leisen Worten, mit pommerschem Platt gewürzt, von Lebenserfahrung geprägt. Eine handelt von einem riesigen Hecht, den sein Vater, „ihm saß die Fischräuberleidenschaft im Blut“, mit Knüppel, Beil und Sack im Winter aus dem vereisten Großen Krebssee gestohlen hatte und, als ihm der Förster auf den Fersen war, zu Hause seiner Frau unter die Bettdecke schob. Eine andere Geschichte wirkt wie ein kulturhistorischer Ortsplan von Bansin, die *Bansiner Topographie*. Sie kam auf besondere Weise zustande: Klaus Wagenbach fragte anlässlich seiner Verlagsgründung 1964 in Berlin verschiedene Autoren nach einem Beitrag für eine Anthologie. Thema war, den für sich wichtigsten Ort zu beschreiben. Hans Werner Richter sagte zu, wählte Bansin, notierte: „Die Straßen des Ortes, in dem mein Vater lebte, bilden ein Kreuz. Die längere Seestraße läuft von Süden nach Norden, die kürzere Bergstraße von Westen nach Osten." An dem Kreuz, das nach wie vor „mit ein paar Nebenstraßen behangen" ist und im Westen an einen Kiefernwald grenzt, lässt sich bis heute nachvollziehen, wie Bansin geplant und angelegt wurde. Unverändert führt die Seestraße vom Bahnhof im Süden Richtung Norden zur Ostsee, wo sie vor einem „weißen Gürtel" endet, dem Strand, der damals eine neue Bedeutung bekam – als Badestrand. „Das Meer besitzt einen sandig-hellen Untergrund, läuft flach von der Küste weg zu größeren Tiefen hin, ist milde salzhaltig und sieht in der Sonne blau, bei Gewitter grün, bei Sturm weiß und in der Nacht schwarz aus." Auf der Bansiner Strandpromenade, „fünfzehn Meter breit, zum Meer hin abgeschirmt von einer Buchsbaumhecke", erinnern weiß gestrichene Badekarren an die Anfänge des Badelebens. Sie sind ein viel benutztes Fotomotiv. Vor allem weibliche Wesen posieren häufig auf den Stufen – ähnlich wie die Schnappschüsse seinerzeit, als die Badekarren noch in Betrieb waren! Mit Pferden wurden sie ins Meer gezogen, im Badekostüm tauchte man ins hüfthohe Nass, abgeschirmt von einer Jalousie, die die Stufen des Karrens überspannte. Nach erfrischendem Planschen, der Schwimmsport kam erst später auf, holperte die rollende Umkleide zurück an den Strand.

Aus England war die Seebäderkultur Ende des 18. Jahrhunderts an die deutschen Küsten geschwappt, Heiligendamm eröffnete 1793 das erste deutsche Ostseebad, 1797 folgte Norderney mit dem ersten deutschen Nordseebad. Das Meer mit seiner „ozonhaltigen Luft" galt hier wie dort als Jungbrunnen für Körper und Geist, als beste Medizin gegen kranke Atemwege, lädierte Gelenke, schuppige Haut oder Juckreiz.

Für den wachsenden Badeandrang reichten die Badekarren bald nicht mehr aus. Auf Holzpfählen errichtete Badeanstalten kamen überall auf, „umgeben von einem hohen Bretterzaun, der sich mit einem engmaschigen Drahtgeflecht im Wasser fortsetzte", strikt getrennt für Damen und Herren, auch in Bansin. Baderegeln voller Paragrafen untersagten männliches Herumstrolchen um die weiblichen Reviere. 75 Meter betrug der Sicherheitsabstand. Bußgelder drohten Unholden, denen das schnuppe war. Damals arbeitete Hans Werner Richters Vater als Bademeister am Bansiner Strand. Leichtsinnige, die zu weit hinausgeschwommen waren und es plötzlich mit der Angst bekamen, holte er mit Rettungsboot und Rettungsring wieder an Land. Außerhalb der offiziellen Bäder war Baden nicht erlaubt. Das steigerte seinen Reiz. „Freibaden" hieß das unsittliche Verhalten. Nach dem Ersten Weltkrieg stellte der Bansiner Bürgermeister einen Strandpolizisten ab, Freibadende aus dem Wasser zu pfeifen und zum Verhör ins Gemeindehaus abzuführen. „Nach fünf Jahren wurde er entlassen. Die Freibadenden hatten sich durchgesetzt." 1923 war das. Nach Lust und Laune sprang fortan alles bunt durcheinander vom Strandkorb aus in die Wellen. Damen- und Herrenbäder wurden abgerissen. Desgleichen das für Mütter und Kinder eingerichtete Familienbad. Die nächste Baderevolution wartete schon: FKK.

In seiner *Bansiner Topographie* schilderte Hans Werner Richter, der gern nur in Andeutungen schrieb, auch den Wandel der Gäste: Die ersten reisten mit Leibdienern und Leibkoch, Kammerzofe, Kammerdiener, Reitpferden und Stalljungen an, nannten sich Hoheit, Durchlaucht, Exzellenz, waren häufig so vornehm, „dass die Einwohner des Ortes sich nur selten auf die Strandpromenade oder ans Meer wagten". Die Gäste der Weimarer Zeit reisten mit Autos an, „die in keinen Bretterschuppen passten", waren Professoren, Doktoren, Kommerzienräte, liebten Charleston, lagen in ihren Strandburgen unter schwarz-weiß-roten Flaggen, den Nationalfarben des wilhelminischen Kaiserreichs. „1930 zogen die ersten Nationalsozialisten durch die Seestraße, SA-Männer in Uniform, drei an der Zahl. Sie sangen: ‚Rotfront und Redaktion erschossen', weil ihnen das Wort Reaktion nichts sagte." Die Gäste dieser Ära tanzten keinen Charleston mehr, lehnten die „Jazzerei" ab, waren Majore, Generäle, Hauptsturmführer. Nach den Schrecken des Krieges reisten Feriengäste an, die „in Hosenträgern" auf der Strandpromenade spazierten und ihr eigenes Bettzeug mitbrachten, zu „irgendwelchen Arbeitsbrigaden" gehörten und „mit ihrem eigenen Glück nicht viel anzufangen wussten". Wie hätte Hans Werner Richter seine *Bansiner Topographie* fortgesetzt?

Auf alle Fälle enthielte sie das ehemalige Feuerwehrhaus in der Waldstraße 1, umgeben von Bansins Prachtvillen im Stil der Bäderarchitektur. Im Jahr 2000 wurde es zum *Hans-Werner-Richter-Haus* umgebaut, initiiert von Pfarrer Martin Bartels aus Benz. Und er war es auch, der Hans Werner Richter nach jahrelangem Einreiseverbot in die DDR ermöglicht hatte, Usedom 1986 wieder zu besuchen. Aus diesem Anlass gab der Begründer der „Gruppe 47" in der Dorfkirche von Benz, wo er konfirmiert worden war, eine Lesung zu seinen Bansiner Geschichten. Wenig später erschien die Erzählung *Bruder Martin* – ein literarisches Denkmal für den Freund.

Das alte „Spritzenhaus" wurde zu einem stillen Winkel. Regelmäßig werden Dokumentarfilme über den „Meister des kreativen Müßiggangs" gezeigt. Und die Gemeindebibliothek leiht hier Bücher aus – darunter jede Menge zur pommerschen Regionalgeschichte und natürlich alle Titel von Hans Werner Richter. Sein Traum war, Kapitän zu werden. Das Rauschen des Meeres hatte er von Kindesbeinen an im Ohr. Indes kam alles anders. Unterstützt von seiner klugen, resoluten Mutter, die mit Wäschewaschen und Plätten für Bansiner Sommergäste den Lebensunterhalt der Familie verdiente, machte er in Swinemünde eine Buchhändlerlehre, stürzte sich ins politische Getümmel in Berlin, verehrte Rosa Luxemburg, Leo Tolstoi und Fjodor Dostojewski, wurde als Soldat eingezogen, kam in amerikanische Kriegsgefangenschaft, hatte geschafft, sich „durchzuschlängeln wie ein Aal", bis es ihn nach

München verschlug, wo er sich festsetzte und lernte, dass Blau-Weiß (die Farbe der Pommern) nicht dasselbe ist wie Weiß-Blau (die Farbe der Bayern) und die Pommern zudem mehr Anrecht auf ihr Blau und Weiß als umgekehrt die Bayern auf ihr Weiß und Blau haben, weil in Pommern „fast alles“ blau oder weiß ist, was man von Bayern nicht behaupten kann: „In Pommern ist der Himmel blau und sind die Wolken weiß, sind die Möwen weiß und die Fische blau, ist das Meer blau und sind die Dünen weiß, und der Charakter der Pommern ist entweder blau mit weißen Punkten besetzt oder weiß mit blauen Punkten besetzt.“ Jene Blauen waren für Richter die eigentlichen Pommern. Weil sie gern leben, trinken, lieben, lachen. Den Weißen, die mehr beten, hinge das Bigotte wie ein ewiger Trauertropfen an der Nasenspitze. Klar, zu welcher Kategorie Hans Werner Richter gehört hat.

Siegfried Lenz, der neben Ingeborg Bachmann oder Heinrich Böll zur „Gruppe 47“ gehörte, erlebte ihn stets als Förderer und „kumpelhaften Wirt“. Begeistert zeigte Hans Werner Richter seinen Autoren, wie man eine Scholle zerlegt. Walter Jens schätzte seine „Kunst des selbstironischen Unterstapelns“. Und Uwe Johnson, einer der Jüngsten in der Gruppe, zitierte mit Vergnügen, wie die Treffen begannen, indem sich der Spiritus Rector freudig die Hände rieb und verkündete: „‚Kinnings, nu wollen wir anfangen.‘ Und dann fing es an!“ Dazu läutete Hans Werner Richter mit einer kleinen Messingglocke, die in Bansin ein kostbares Erinnerungsstück darstellt. In einer Galerie hängen Kunstwerke seiner Autorenfreunde, darunter ein Ölbild von Wolfgang Hildesheimer, von dem auch ein

Brief überliefert ist. Darin schreibt er Hans Werner Richter, dass er in „trostbedürftigen Situationen" immer an zwei seiner Lieblingssprüche denke, das eine die Zukunft, das andere die Vergangenheit betreffend: „Vergangenheit: ‚Wir haben viel gelacht.' Zukunft: ‚Ich habe ein gutes Gefühl.'" Und Hildesheimer hoffte, dass sie alle bis ans Ende ihrer Tage „noch mehr" gelacht haben würden, sodass das gute Gefühl bleibe. Auch Günter Grass war mit Richter befreundet, gehörte zum „verqueren barocken Haufen", von ihm sind in der Galerie viele Grafiken ausgestellt. Ohne jeden musealen Staub ist im Parterre Hans Werner Richters Münchner Arbeitszimmer zu sehen. In der Mitte sein Schreibtisch mit der alten Schreibmaschine, Marke „Olympia". Auf einer Ansichtskarte vom Ostseebad Bansin mit Noten zum Mitsingen das Lied: „Das schönste auf der Welt ist mein Bansiner Land, // mit seinen sanften Höhn und seinem schönen Strand. // Bansin, Bansin, wie bist du schön, // am Meer inmitten Waldeshöhn ..."

Bis zu seinem Tod 1993 kehrte Hans Werner Richter einige Male nach Bansin zurück. Am liebsten saß er auf der Strandpromenade, dort, wo inzwischen die Badekarren stehen, und blickte in die Ferne. In der Seestraße 68 existiert noch immer sein Elternhaus mit der Aufschrift „Ob Ost, ob West, to Hus is best". Und in blauen Buchstaben steht nach dem Namen seiner jüngsten Schwester auf der weißen Fassade *Villa Paula*.

Heringsdorf

Kaiserwetter im Kaiserbad

Tiefblau muss der Himmel sein. Und wolkenlos mit Sonnenschein. Dann herrscht Kaiserwetter. Wer dieses tagtäglich auch in seinen heimischen vier Wänden haben will, streiche selbige mit dem Farbton „Kaiserwetter“, wie sie ein bekannter Farbenhersteller in Zweieinhalb-Liter-Eimern anpreist. Das Original indes wird nie zu übertrumpfen sein. Kaiserwetter gibt es nur in Deutschland. Genauer gesagt: den Begriff. Geht er doch zurück auf Kaiser Wilhelm II., der sich ausschließlich bei tiefblauem, wolkenlosem Himmel ins Bad der Menge stürzte und prächtig gelaunt mit Helmbüschel ablichten ließ. Zwanzig Hoffotografen soll der Enkel von Queen Victoria in Potsdam und Berlin damit auf Trab gehalten haben, ihn von seiner Schokoladenseite zu porträtieren. Oder auch zu filmen. Und da beides angesichts der Technik, die damals noch in ihren Anfängen steckte, nur bei strahlendem Wetter gelang, entstanden lauter Bilder vom „Schönwetterkaiser" – auch auf Usedom. Im Rahmen seiner Nordlandfahrten auf der kaiserlichen Jacht *Hohenzollern* besuchte Kaiser Wilhelm II. regelmäßig Swinemünde und von dort aus das elegante Heringsdorf, welches seit 1879 das Attribut „Seebad" trug. Von wem verliehen? Von Kaiser Wilhelm I., seinem Großvater. Dieser wiederum hatte die Insel 1820 als junger Mann zum ersten Male kennengelernt, nebst seinen Brüdern, Kronprinz Friedrich Wilhelm und Carl. Wilhelm war damals 23, Friedrich Wilhelm 25 und Carl 19 Jahre alt. Zusammen begleiteten sie ihren Vater, König Friedrich Wilhelm III., der Usedom wieder einmal beehrte, um in Swinemünde die Festungsanlagen zu inspizieren. Das schrieb das Hofprotokoll vor. Königin Luise, die Mutter der Prinzen und Gemahlin von Friedrich Wilhelm III., lebte schon lange nicht mehr, 1810 war sie gestorben.

Auf Usedom kann man Hohenzollerngeschichte studieren, und es lohnt sich, immer ein Notizheft dabeizuhaben, um die verwirrend vielen Namen den Zweigen und Ästen im Stammbaum zuzuordnen. So sind Straßen, Statuen, Villen, Strandhotels und Pensionen nach Repräsentanten der preußischen Dynastie benannt, zum Beispiel nach *Augusta* oder *Prinz Heinrich*, *Wilhelm*, *Friedrich* oder *Hubertus*. Aber wer war wer? Und weilte wann und wo auf Usedom? Heringsdorf verfügt über die ältesten insularen Verbindungen zum preußischen Kaiser- und Königshaus. Das illustriert eine Geschichte, die in jeder Chronik zum Besten gegeben wird: Als König Friedrich Wilhelm III. 1820 mit seinen drei Söhnen auf Usedom unterwegs war, empfing ihn auch Georg Bernhard von Bülow, Oberforstmeister und

Besitzer des Rittergutes Gothen mit weiten Wiesen, Feldern, Wäldern. Der gebürtige Mecklenburger, ein entfernter Vorfahre des Humoristen Vicco von Bülow, alias Loriot, schaffte sich immer mehr Territorium auf der Insel an, darunter einen einsamen Flecken auf der Ostseeseite unweit von Ahlbeck, wo eine Fischerkolonie entstand. Der stolze von Bülow kutschierte seine wissbegierigen Exzellenzen dorthin, um ihnen zu zeigen, wie Heringe in Netzen angelandet, gesalzen und in Fässern aufbewahrt werden. Doch wie sollte die Kolonie heißen, die seit 1818 sein Eigen war? Spontan fragte Georg Bernhard von Bülow den Kronprinzen Friedrich Wilhelm, ob er eine Idee habe. Klar! Heringsdorf! Was sonst? Der stille pommersche Winkel wurde bekannt, rasch rückten Investoren, Spekulanten, Bauherren an. Bereits 1845 stieg Heringsdorf zum Modebad auf. Und von Bülow selbst ließ die ersten Logierhäuser auf dem Kulm bauen, das schönste ist heute bekannt als das *Weiße Schloss* mit Gourmetrestaurant. Sensationelle vierhundert Gäste zählte die erste Sommersaison in Heringsdorf. Mittlerweile sind es Hunderttausende.

1845 kehrte der Kronprinz, inzwischen als Friedrich Wilhelm IV. zum König von Preußen gekürt, noch einmal nach Heringsdorf zurück. Denn schon lange bewegte den Monarchen, mit eigenen Augen zu sehen, wie sich sein Taufkind nach einem Vierteljahrhundert entwickelt hatte. Die Gunst der Stunde nutzte Georg Bernhard von Bülow, der nach wie vor eine führende Rolle in Heringsdorf spielte, indem er um Zuschüsse für die geplante „Kirche im Walde“ bat. Der Preußenkönig unterstützte das Vorhaben, griff in seine Schatulle. Zudem spendeten betuchte Berliner, die vom ersten Spatenstich an nach Heringsdorf strömten, beachtliche Summen. 1848 wurde das evangelische Gotteshaus eingeweiht. Ein Spaziergang auf die Anhöhe tut wohl, fern vom Trubel auf Promenaden und am Strand. Besonders frühmorgens, wenn im Kaiserbad noch alles schläft, Tautropfen auf den marmornen Putten und Pilastern funkeln.

Heringsdorf expandierte in schwindelerregendem Tempo – vor allem während der „Ära Delbrück“. Im Frühling 1863 hatten sich die Brüder Adelbert und Hugo Delbrück in Misdroy auf der Insel Wollin nach Sommersitzen für ihre Familien umgeschaut, aber nichts Passendes gefunden, weshalb sie nach Heringsdorf weiterfuhren. „Hier bleiben wir!“, sollen sie wie aus einem Munde gerufen haben, als sie die Lage am Strand sahen. Ähnlich erging es Theodor Fontane, der im Sommer desselben Jahres erstmals nach Heringsdorf kam. Schon am dritten Urlaubstag vergaß er „den Berliner Staub und die Berliner Rinnsteine“, schwärmte er „von einem kleinen Hausbau hier“. Doch waren die Bodenpreise so exorbitant hoch, dass sich diese nur leisten konnte, wer üppige Finanzpolster besaß – wie eben Adelbert Delbrück, Mitbegründer der Deutschen Bank, und sein jüngerer Bruder Hugo, technischer Direktor einer Zementfabrik in Stettin und Geschäftsführer der 1872 ins Leben gerufenen Aktiengesellschaft Heringsdorf. In jener Funktion oblag es Hugo Delbrück, Heringsdorf zu einem Seebad mit Noblesse aufzubauen, was ihm gelang. Um 1890, als die Promenade von Bäderarchitektur-Schmuckstücken in Parkanlagen gesäumt war, sprach man vom „Nizza der Ostsee“, schnellten die Gästezahlen auf über viereinhalbtausend hoch, wenig später überstiegen sie das

Doppelte. Und natürlich gönnten sich auch die Gebrüder Delbrück Villen mit Stucksalons, Kassettendecken, Gartenzimmern und Seeterrassen: Adelbert auf dem Gelände des heutigen Hotels *Strandidyll*, Hugo nebenan. Vis-à-vis empfing der Berliner Bankier und Kunstsammler Benoît Oppenheim Freunde und Gäste in seiner neoklassizistischen weißen Sommervilla mit Freitreppe und korinthischen Säulen. Zum Frühstück, wird auf geführten Rundgängen durch Heringsdorf erzählt, winkte man sich von Balkon zu Balkon zu.

1866 traf Kronprinzessin Victoria, Tochter von Queen Victoria, in Heringsdorf ein. In der Tradition ihres Schwiegervaters, Kaiser Wilhelm I., wohnte auch sie im Bülow'schen Kleinod auf dem Kulm, womit wir wieder – Notizheft gezückt! – bei den Hohenzollern wären. Victoria, die man in Preußen zu englisch und in England zu preußisch fand, hatte ihren dreijährigen Heinrich und den siebenjährigen Wilhelm an den Ostseestrand mitgebracht. Prinz Heinrich, später Großadmiral der Kaiserlichen Marine, wurde durch seine nach ihm benannte Mütze berühmt, die ab 1969 kaum jemand populärer machte als Bundeskanzler Helmut Schmidt. Kronprinz Wilhelm ging nach dem Tod seines Vaters, der nur 99 Tage regierte, als letzter deutscher Kaiser in die Annalen ein – 1888, im legendären Dreikaiserjahr, übernahm er als Wilhelm II. das Zepter.

Heringsdorf stand um diese Zeit in voller Blüte, die Reichen und die Schönen und solche, die sich dafür hielten, stiegen im *Kaiserhof Atlantic* ab, dem mondänsten Hotel damals an der Ostsee. Andere Herbergen der gehobenen Klasse waren das *Kurhôtel Quisisana* oder das *Grand Hôtel Seeschloss*, ausgestattet mit „modernstem Komfort", sprich: elektrischem Licht, Fernsprecher, Zentralheizung, Lift. Viele der neuen Privatanwesen vermittelten den Eindruck, als habe man sie von der Berliner Tiergartenstraße direkt an die Küste versetzt. Zum Beispiel die 1883 errichtete *Villa Oechsler*. Bauherr war der Berliner Galvaniseur Hermann Berthold, dessen Schriftgießerei Dependancen außerhalb Berlins unterhielt, beispielsweise in St. Petersburg. Der Unternehmer scheute für sein Domizil mit Säulen aus schwarzgrün changierendem Granit weder Kosten noch Mühen, ließ den Dreiecksgiebel von der venezianischen Mosaikmanufaktur des international renommierten Antonio Salviati mit *Badenden Grazien* fertigen. Nach Bertholds Tod 1905 wechselte die Villa mehrfach ihre Besitzer. Zunächst kaufte sie Hans von Bleichröder, Sohn des Berliner Bankiers Gerson von Bleichröder, welcher Bismarcks Vermögen verwaltete und als Hofbankier der Hohenzollern einer der einflussreichsten Männer im Kaiserreich war – auch in Heringsdorf. 1908 entstand an der Promenade die *Residenz Bleichröder*, nachempfunden dem Geschmack des Barock für den großen gesellschaftlichen Auftritt. Längst zog der Tourismus in die Gemächer ein, auch in der *Villa Oppenheim*. Als Mieter der *Villa Oechsler* zeichnet seit einer Weile eine Boutique. Ach, wäre es doch ein Antiquariat, wo man in alten Ostseebüchern und Wanderkarten stöbern könnte! Oder in Leporellos mit Strandansichten! Auch Grußkarten mit Seebäder-Motiven, umkränzt von kolorierten Muscheln im Prägedruck, passten in ein solches Sortiment, desgleichen Fotos der Hohenzollernknirpse Prinz Wilhelm Friedrich Franz und Prinz Louis Ferdinand, den beiden Enkeln von Kaiser Wilhelm II., im Matrosen-Badedress!

Weltbadflair umgab den Kurbetrieb in Heringsdorf vor allem nach der Einweihung der Seebrücke. 1891 erhielt der fünfhundert Meter in die See hineinreichende Steg mit seinen verspielten Türmchen, Kolonnaden und filigranen Schnitzereien den Namen Kaiser-Wilhelm-Brücke. 1958 versank sie durch Brandstiftung in einem Flammenmeer. Aus Stahl, Beton und Glas wurde 1995 eine neue Seebrücke installiert. Mit nun 508 Metern ist sie die längste ihrer Art in Kontinentaleuropa, leider aber kein bisschen mehr glamourös.

Nur wenige Fußminuten von der Brücke entfernt liegt an der Promenade die *Villa Staudt*. Eine Büste mit Kaiser Wilhelm I. davor irritiert zunächst. Denn Kaiser Wilhelm II. war es, der mit der verwitweten Hausherrin, „Frau Konsul“, bis 1913 persönlichen Kontakt gepflegt hat. Klatsch und Tratsch strickten eine Affäre daraus. Wann immer nämlich der Enkel des ersten deutschen Kaisers Usedom mit seinem „huldvollen Erscheinen“ beglückte, verabredete er sich mit der attraktiven und gescheiten Elisabeth Staudt zum Tee. Fotos, auf denen die Verehrte mit ausladendem Sonnenhut und bravem Mops auf dem Schoß abgebildet ist, zeigen, dass die Villa seinerzeit *Miramar* hieß. Dort, in der Beletage, spielten sich die Treffen mit Wilhelm II. ab. Die beiden mochten sich, teilten gemeinsame Interessen wie Berliner Blumenkorso und Reitturniere, kannten sich aus der Reichsmetropole von der Hochzeit der siebzehnjährigen Staudt-Tochter Auguste Victoria mit Rittmeister Wilhelm von Kummer, dessen Vater, General von Kummer, ein Patenkind Seiner Majestät war. 1908 fand der Festakt in privatem Rahmen an der Spree statt, in einem Toast auf den Kaiser sprach General von Kummer „alleruntertänigst" seinen „wärmsten Dank" dafür aus, dass sich dieser in einem bürgerlichen Hause die Ehre gab – „Hurra!". Auch das lohnt einen Eintrag ins Notizheft.

Nach dem Kieler Matrosenaufstand 1918 dankte Kaiser Wilhelm II. ab, nie wieder tauchte er in Heringsdorf auf. Das Kaiserwetter jedoch blieb. 1931 wurde diesem sogar ein literarisches Denkmal gesetzt, und zwar mit dem Roman *Kaiserwetter* im S. Fischer Verlag aus der Feder des Lyrikers und Essayisten Karl Jakob Hirsch, den die zeitgenössische Kritik voll des Lobes mit Alfred Döblin und Erich Kästner verglich. 1999 lebten die Erinnerungen an den wahrhaftigen Hohenzollern auch an der Ostsee wieder auf, als Peter Schamonis deutsch-niederländischer Dokumentarfilm *Majestät brauchen Sonne* Premiere feierte. Kurz zuvor hoben Marketingstrategen Usedoms Seebäder Ahlbeck, Heringsdorf und Bansin in den Kaiserstand, klebten sie das Wort Kaiser an alles, was ihnen in die Quere kam. Auf dem Wappen von Heringsdorf verschwanden die seit 1905 silberglänzenden drei Heringe zugunsten einer goldenen Krone auf drei Ostseewellen. Alljährlich Anfang August proklamiert das Kaiserbad seine „Kaisertage" mit Festumzug, Rummel und Trara zu falschen Kaisern und neuen Kleidern. Früher, als Seine Majestät, das Original, aufkreuzte, soll nach orkanartigem Geschrei, Glockengeläute und Musikgetöse „mit einem Male Stille" eingekehrt sein, „vollkommene Stille", so heißt es im Roman *Kaiserwetter*. Im Event-Tourismus ist Stille ein Fremdwort. Dennoch wünschen wir wolkenlosen tiefblauen Himmel und Sonnenschein!

Ahlbeck

Wie aus „adlig" und „königlich" ein Familienbad wurde

Mit dem Bach, der einst „Beek" oder auch „Beck" hieß, fing alles an. Sein Wasserlauf führte aus dem Gothensee in einem ausholenden Bogen an Korswandt vorbei Richtung Ostsee. An manchen Stellen soll der Bach beinahe achtzig Meter breit gewesen sein, an anderen zum Hinüberhüpfen schmal. Welche Melodie mag er gesungen haben? Plätscherte er? Rauschte er? Oder war er eher still? Konnte man auf seinen Grund schauen? Wie schmeckte sein Wasser? Tanzten Libellen auf seinen gekräuselten Wellen? Dort, wo der Bach in die Ostsee mündete, stand eine mit Löchern durchbohrte „Aale-Kiste" als Fangvorrichtung und Frischebox für den schmackhaften fetten Fisch. Denn Aale bevölkerten den Bach, der auf der Großen Lubinschen Pommernkarte von 1618 unter der Bezeichnung „Ahlbach" eingetragen ist. Jene Karte geht auf Eilhardus Lubinus zurück. Der aus Westerstede (Oldenburg) stammende Pastorensohn mit dem eigentlichen Namen Eilert Lübben war seit 1596 Professor der Poesie an der Rostocker Universität, später Professor der Theologie, bis er sich der Mathematik, Geografie und Landschaftsvermessung verschrieb. Im Auftrag von Herzog Philipp II. von Pommern-Stettin hatte der Rostocker Gelehrte, der zuvor mit seiner Rügenkarte für Herzog Philipp Julius von Pommern-Wolgast hohes Ansehen erwarb und als Koryphäe auf dem Gebiet der Kartografie galt, 1611 mit mannigfaltigen Skizzen, Notizen und Observationen begonnen, wozu 152 Orte abgeklappert werden mussten. Umrahmt von pommerschen Stadtansichten und Adelswappen gingen die einzelnen Kartenteile schließlich nach Amsterdam, wo sie der Kupferstecher Nikolaus Geelkercken auf zwölf Platten gravierte. Das Meisterwerk stellte die erste vollständige Karte des Herzogtums Pommern dar und gehört inzwischen zu den Schätzen im *Pommerschen Landesmuseum Greifswald*. Eine Kopie des Originals ist seit 2012 in Schloss Stolpe auf Usedom zu sehen, eine weitere zeigt das *Museum Zinnowitz*.

Zurück nach Ahlbeck, zur „Aal-Beek“. Um 1618, als die Lubin’sche Pommernkarte erschienen war, lieferte der Bach nicht nur reichlich Aal zum Verzehren, sondern trennte als natürliche Grenze zwei Territorien: Das westlich vom Bach gelegene gehörte den Gutsherren von Neuenkirchen auf Schloss Mellenthin, das südöstliche war zunächst herzoglich-pommersch, nach dem Dreißigjährigen Krieg schwedisch-pommersch, ab 1720 königlich-preußisch. Die ersten Siedler, ein Müller, ein Teerbrenner, ein Fischer, ließen sich auf dem westlichen „adligen“ Teil nieder, auf dem südöstlichen „königlichen“ folgten zwölf „Aal-Beek-Kolonisten“, die Friedrich der Große geschickt und mit kleinen Häusern einschließlich Gartenland versorgt hatte. Gründungsakten gibt es nicht, doch sind die Bezeichnungen „Ahlbeck-adligen Anteils“ und „Ahlbeck-königlichen Anteils“ verbrieft. Und hier wie dort lebten die Familien über Generationen von der Strandfischerei. In aller Herrgottsfrühe zogen die bärtigen Männer mit Südwester und Ölzeug los zum Strand, um vor Sonnenaufgang ihre Fischerboote klarzumachen. Bei Wind und Wetter fuhren sie zur Oderbank raus, auf die Swinemünder Höhe oder an der Insel Oie vorbei Richtung Rügen und warfen dort ihre Netze aus. Bei aufziehenden Stürmen hieß es: „Dat süht nich jaud ut.“ Waren die Fischer heil zurück und hievten ihre schweren Boote – „hol up, hool up!“ – an den Strand, warteten stets schon ihre Frauen und Kinder auf den Dünen zum Empfang. Alle krempelten die Ärmel hoch, packten mit an, pellten die Netze, nahmen die Fische aus, sortierten, salzten, räucherten sie, verpackten sie in Kisten. Die dicksten Fänge schleppten die Fischerfrauen in Körben auf ihren Rücken nach Swinemünde, um sie auf dem Fischmarkt am Bollwerk fangfrisch zu verkaufen. Und das bedeutete, flink „ausrufen, anbieten, überreden, feilschen, rechnen“ zu können, schreibt Carola Stern in ihrem autobiografischen Roman *In den Netzen der Erinnerung* (1986) mit einer Menge Lokalkolorit über Usedom, woher die Publizistin selbst auch stammt. 1925 wurde sie in Ahlbeck als Erika Asmus geboren, Carola Stern ist das Pseudonym der späteren WDR-Journalistin. Als Kind hatte sie gern den

Geschichten von früher zugehört: von Seejungfern am Haff, die den Fischern Glück und Segen bringen, oder dem alten Brauch, dass ein Fischer nie damit angeben soll, wie viel er gefischt hat, da jeder Prahlerei eine Strafe droht. Auch von Klabautermännern wurde erzählt oder von Seeleuten, die mit dem Wind – „kuhl up, oll Vadder!“ – redeten, und nicht zuletzt davon, dass die Ahlbecker Fischerfrauen eines aufregenden Tages ihre Männer mit der Nachricht überfielen: Im Hafen von Swinemünde hätten Dampfschiffe aus Stettin angelegt mit Leuten, die „Badegäste“ hießen und Unterkünfte verlangten! Sofort erkannten die Ahlbecker Fischer, dass sich hier eine neue Geldquelle auch für sie auftat. Umgekehrt witterten Sparkassenvertreter lukrative Geschäfte mit den Ahlbecker Fischern. Überall klingelten sie an den Türen, um Grundrisse „moderner Fremdenheime“ aus ihren Aktentaschen zu ziehen und in den Stuben auszurollen. „Sie schrieben Zahlenkolonnen aufs Papier, entwarfen Kostenvoranschläge und trugen Namen in Hypothekenbriefe ein“, so Carola Stern. Ein Ahlbecker nach dem anderen baute Pensionen in den Kiefernsand der Dünen. 1862 mieteten sich bereits 314 Gäste ein, kurz vor der Gründung des Deutschen Kaiserreichs schnellte ihre Zahl auf achthundert hoch. 1875 eröffnete mit *Wendickes Hotel* das buchstäblich erste Haus am Platz. Weitere Hotels, Villen und Palais folgten. Und mit der Einführung der Kurtaxe 1883 hatte sich die Doppelexistenz „Ahlbeck-adligen Anteils“ und „Ahlbeck-königlichen Anteils“ überlebt, wurde ein Ahlbeck mit zusammen rund tausend Einwohnern proklamiert. Schnittpunkt der Vereinigung lag um die heutige Talstraße und Bergstraße herum, wo Bäcker Blunck sein 1882 gegründetes Geschäft an der Ecke hat und während der Saison Feriengäste Schlange stehen, um frische Brötchen zum Frühstück in ihrem Appartement zu holen.

Ab 1898 nannte sich Ahlbeck „Familienbad“, ein Jahrzehnt später kam der Titel „Seebad“ hinzu. Unterdessen glänzten in der Ahlbecker Dünenstraße, Strandstraße, Kurstraße, Kurparkstraße, Kaiserstraße, Bismarckstraße und so fort Perlen der Bäderarchitektur. Bis heute gehören sie zu den Vorzeigestücken an der Ostsee, meist weiß lackiert, was Erker und Arkaden, Brüstungen und Balkone mit schmiedeeisernem Gitterwerk im Licht des Nordens festlich erstrahlen lässt. Gepflegte Adressen wie *Meereswelle*, *Seeschloss*, *Seestern* oder *Seeblick* zogen bürgerliches Publikum aus Stettin an. Die meisten Urlauber jedoch kamen aus Berlin. Ähnlich wie in Heringsdorf und Bansin. Im Sommer 1891 trafen die ersten Feriensonderzüge auf der Insel ein, an Wochenenden fahrplanmäßige „E-Züge“, im Volksmund „Ehemänner-Züge“, weil besetzt mit Ehemännern, die ihre besseren Hälften am Strand besuchen und amouröse Sehnsüchte stillen wollten. Keine zweieinhalb Stunden dauerte die Reise (die Deutsche Bahn braucht deutlich länger), was Usedom zur „Badewanne Berlins“ gemacht hat. Und Ahlbeck ab 1911 mit über 22 290 Gästen zum „Volksbad“. Zu diesem erweiterten Selbstverständnis gehörte, dass sich auch Berliner Arbeiterkinder in Ahlbeck erholten. Kostenlos wurden sie ins „Kaiser-Wilhelm-Kinderheim“, gestiftet von Kaiser Wilhelm II., verschickt. Bei der Eröffnung 1913 erhielt jedes Kind ein Porträtfoto

Seiner Majestät mit der Widmung: „Zur Erinnerung an den Aufenthalt in meinem Kinderheim, gez. Wilhelm II." Mittlerweile ist die Waldanlage eine Jugendferienstätte der Sportjugend Berlin.

Zum Inbegriff von Exklusivität wurde an der Promenade der *Ahlbecker Hof*. Hier stieg 1905 sogar Kaiser Franz Josef I. aus Österreich ab anlässlich eines Treffens mit seinen kaiserlichen Amtskollegen aus Deutschland und Russland. Später trug sich Theo Lingen ins Hotelgästebuch ein. Der Bühnenschauspieler vom Theater am Schiffbauer Damm feierte 1929 in Brechts *Dreigroschenoper* einen sensationellen Erfolg. Gast in der *Villa Heimdall* am Rande von Ahlbeck Richtung Swinemünde war 1924 für ein paar Augusttage Thomas Mann. Mit Gattin Katia und seinen Kindern hatte er von Hiddensee kommend zunächst in Bansin Quartier genommen, und zwar im *Haus Seeblick*, dem heutigen *Hotel Kaiser Wilhelm* an der Strandpromenade. Die Arbeit am *Zauberberg* ging hier gut voran, ja, nie lief es „reibungsloser und ergiebiger", vertraute Thomas Mann einem Freund an. Doch nach zwei Wochen packten die Manns ihre Koffer, störten sie sich zunehmend an der „völkischen" Stimmung. „Überall wehen Hakenkreuzfahnen", teilte Katia Mann Margarete Hauptmann entrüstet mit. Ähnlich war es damals bereits andernorts am Ostseestrand, auf Usedom speziell in Bansin und Zinnowitz. In Ahlbeck wie auch Heringsdorf war man mehr daran interessiert, dass die Kasse stimmte. Und so arbeitete der Literaturnobelpreisträger in spe entspannt nach dem „Morgen-Bade", das er „herrlich" fand, weiter an seinem *Zauberberg*. Der Roman hatte „einen großen Schritt gegen das nahe

Ende gemacht“ und kam im Herbst 1924 auf den Markt. „Die Kinder schieden von der See mit wahren Schmerzen“, so Thomas Mann rückblickend aus München, „genau wie einst ich.“

Ahlbeck erfreute sich immer größerer Beliebtheit. 1927 hatte die Gästezahl 27 160 erreicht. Besuchermagnet war die Seebrücke von 1898, als Ahlbeck zum Familienbad avancierte – ein hölzerner „Pavillon über den Wellen“ mit vier Türmchen und einem zweihundertachtzig Meter in die Ostsee reichenden Steg zum Flanieren. Im Winter 1940/41 zerbarst die Brücke unter Eisschollen und Sturm. Ein halbes Jahrhundert später rekonstruierte man sie in ihrer original herausgeputzten Seebäderarchitektur. Seither ist die Ahlbecker Seebrücke Usedoms Shootingstar schlechthin – besonders bei Sonnenuntergang, wenn sich der Himmel über dem Baltischen Meer rotgold, blauorange färbt. Stille Winkel „wie gemalt“ bieten sich dann am Strand.

Und was geschah während all der Turbulenzen mit dem Ahlbach? Ebenfalls 1898, im pulsierenden Ahlbecker „Gründungsjahr“, wurde „die Beek“ kanalisiert und in einem Rohr durch die Dünen geführt. Seitdem sprach niemand mehr über den Bach. Und die Aale-Kiste verschwand. Einen allerdings gibt es, der an den Bach denken könnte – und sei es nur als Revier zum Herumstreunen: jener weiße Kater, der fast täglich in die Strandbuchhandlung in der Seestraße pirscht, sich zwischen Bücher ins Schaufenster legt, seine Augen schließt, schnurrend lauscht, was aus den Seiten in seine gespitzten Ohren dringt. Für Stammgäste ist der Kater eine Institution. Sie begrüßen ihn bei ihrer Ankunft, verabschieden sich von ihm bei ihrer Abreise, fotografieren ihn während ihres Aufenthalts, sorgen sich, wenn er länger nicht erscheint, sind erleichtert, wenn er drinnen liebevoll umsorgt auf dem Tresen faulenzt. Denn seitdem Ahlbeck kein Fischerdorf mehr ist, lebt es sich für einen Ostseekater gefährlich. Wie viele Pfoten schon sind unter die Räder gekommen! Miau!

Dreihundert Fischer gab es früher in Ahlbeck. Der Beruf stirbt mehr und mehr aus. Doch liegen am Strand noch Fischerboote mit „Ahl“ für Ahlbeck in weißen Lettern auf dunklem Eichenholz, die zur Strandfischerei rausfahren. In Reusen wird im Sommer Aal gefangen, wenn dieser aus fernen Meeren in die Ostsee zurückkehrt. Aalräuchersuppe, Aal mit Kartoffeln geschichtet in einer Auflaufform, Aalsülze, Aal gekocht mit Petersilie und etliche weitere Aalgaumenfreuden bietet die Inselgastronomie an. Ein Aal schwimmt im Wappen von Ahlbeck. Drücken wir die Daumen, dass die Fischer wieder eine Zukunft bekommen.

Swinemünde

Strandwandern zur Mühlenbake auf der Westmole

Häufig ist es Ende Oktober auf Usedom noch so sommerlich warm, dass man am Strand der „Pommerschen Riviera" barfuß laufen kann. Weich umschmeicheln Tausende von Schaumbläschen der flach herangurgelnden Wellen Knöchel und Zehen, wirkt der Sand bei jedem Schritt auf der Haut wie ein Peeling. „Weiße Segel fliegen auf der blauen See, // Weiße Möwen wiegen sich in blauer Höh", besingt das berühmte *Pommernlied.* Der aus Halle stammende Theologe Gustav Adolf Reinhard Pompe, später Superintendent in Demmin, dichtete es 1853 „in stiller Stunde Träume", sich an die Küste Pommerns sehnend. Das Wort Pommern leitet sich von dem slawischen „po morze" ab, was „am Meer" oder „Land am Meer" bedeutet.

Beim Strandwandern von Ahlbeck nach Swinemünde, polnisch Świnoujście, wehen Brisen Poesien aus vergangenen Zeiten heran. Oder auch Reiseberichte wie den des Dramatikers und Erzählers Heinrich Laube. 1836 besuchte der Schlesier die Hafenstadt. Auf Wunsch des Preußenkönigs Friedrich Wilhelm III. nebst Gemahlin Königin Luise (hier können wir wieder unser Hohenzollern-Notizbuch vervollständigen) bekam Swinemünde nach dem Vorbild von Putbus auf Rügen ein mondänes Seebad, welches 1824 seine erste Saison eröffnete und rasch zum „Weltbad" aufstieg, wie „Scheveningen vom Haag, Havre de Grace und Boulogne von Paris", so Heinrich Laube. Und da es seinerzeit noch ungewohnt war, sich am Strand den Elementen auszusetzen, sorgte der „Wellenschlag" für nicht abreißenden Gesprächsstoff, fährt Laube fort: „Erst spricht man davon, ob welcher sein wird, dann, ob welcher ist, zuletzt, ob welcher gewesen ist, dann gehts weiter zum Futurum." Heinrich Laube leitete über anderthalb Jahrzehnte bis 1867 das Burgtheater in Wien. In der österreichischen Metropole prägte der Schriftsteller Adalbert Stifter vor dem Hintergrund der Industrialisierung 1888 den Begriff „Häusermeer", angeregt vom ewigen Rauschen, Raunen und zuweilen auch Donnern der Meereswellen. Denn so wie diese unentwegt Geräusche machen, erzeugten nun Maschinen und Straßenverkehr um die Häuser herum ständigen Lärm. In diesem Getriebe drohte der Einzelne wie in einer Flut unterzugehen, was zu seelischen Beeinträchtigungen führte, die bis dahin unbekannt waren und für die die Medizin den Ausdruck „Neurasthenie" erfand, 1894 im *Brockhaus* definiert als chronische Erschöpfung und Überforderung, unserem heutigen Stress. 1908 erblickte in Berlin „Ohropax" das Licht der

Welt. Die englische Vokabel „noise“ für Lärm geht auf das lateinische „nausea“ und griechische „nausia“ zurück, beides bezeichnet jenes flaue Gefühl namens „Seekrankheit“. Ähnliches Taumeln mit Unwohlsein löst unser heutiger Großstadtlärm aus, von Dauerbeschallung in Shoppingcentern bis zum Gequassel und Gedudel in Warteschleifen.

Beim Strandwandern von Ahlbeck nach Swinemünde kann man durchatmen, fern von den Zumutungen der Zivilisation zu sich kommen – vor allem, wenn sich gegen Nachmittag die Sonne senkt und es immer einsamer am Flutsaum wird, je mehr die Westmole von Swinemünde näher rückt. Richten doch die meisten Menschen ihre Strandwanderung zeitlich so ein, dass sie in Ahlbeck zurück sind, bevor tiefdunkle Himmelsbläue über die Ostsee zieht. Doch während eben dieses Naturschauspiels erfährt man, wie der im Kopf sirrende Lifeticker aus dem weltweiten Netz ohne jedes Zutun abgeschaltet wird. Mit sich allein verbunden, hört man seinen Herzschlag. „Stille bündelt die Aufmerksamkeit“, schreibt die Kulturjournalistin Sieglinde Geisel in ihrem „Trostbuch für Lärmgeplagte“ mit dem Titel *Nur im Weltall ist es wirklich still* (2010). Der gleichmäßige Rhythmus der Meereswellen stimuliert wie eine Meditation.

Nach ungefähr anderthalb Stunden ist die Mühlenbake zu erkennen, die die Spitze der Westmole markiert – als Seezeichen und zugleich Wahrzeichen von Swinemünde. 1877 wurde das schmucke weiße Gemäuer eingeweiht. Die beiden Molen, Westmole und Ostmole, entstanden zwischen 1818 und 1824, die erstere 1020 Meter, die zweite sogar über 1300 Meter lang.

Die Swinemünder Sommergäste logierten damals oft bei Lotsen. Dieser Beruf genoss hohes Ansehen, denn ohne Lotsen fand kein Schiff durch die inselreiche Swine ins Haff. Theodor Fontane verbrachte seine Kinderjahre in der Hafenstadt, nachdem sein Vater 1827 am Markt die Adler-Apotheke erworben hatte. Außer dem Bollwerk am Strom, wo Dampfer und Flöße anlegten, faszinierten den Heranwachsenden besonders die Swinemünder Frauen, die für ihn eine „lebendige Gallerie of beauties“ waren.

Die Mühlenbake ist ein beliebtes Ausflugsziel. Der schmale Damm, dessen Granitblöcke im Fundament größtenteils aus dem Vineta-Riff stammen, galt als ingenieurwissenschaftliches Wunderwerk. Noch während der Bauphase versuchte man, an den Molen Austernbänke anzulegen, was allerdings nicht funktionierte. Ostseewasser war schon damals im Unterschied zu Nordseewasser für die Schalentiere nicht salzhaltig genug. 1846 fuhr Karl Baedeker, der Koblenzer Erfinder der Reisehandbücher, mit einem Dampfschiff von Stettin nach Swinemünde und zeigte sich an den Molen vom Ostseepanorama beeindruckt: „Zur Rechten schweift das Auge über die unermessliche Wasserfläche, während links die waldbedeckte Küste von Usedom, weiterhin das pommersche Festland mit den Türmen von Greifswald und Wolgast und vor dem Einflusse der Peene die kleine Insel Ruden, nur von einigen Lotsen bewohnt, erscheinen.“

Bereits 1721, ein Jahr nachdem Swinemünde per Kauf von den Schweden zu Preußen gekommen war, hatte Friedrich Wilhelm I. den Plan für einen Hafen gefasst. Dabei ging es ihm vor allem um die Vertiefung der Swine, die durch anhaltende Versandungen gefährlich und für die Schifffahrt nahezu unbrauchbar geworden war. Doch erst Friedrich der Große realisierte das Projekt, welches dem Zweck diente, „einen Fuße am Meere" zu haben und damit „am Commercio der ganzen Welt" – ein Keim zur Globalisierung an diesem Erdenzipfel.

Vollmond kündigt eine hell illuminierte Herbstnacht an, wirft lange, geheimnisumwitterte Schatten auf alles Strandgut und vereinzelte Strandwanderer, die zu inzwischen vorgerückter Stunde auf ihrem Weg zurück nach Ahlbeck sind.

Das Meer schweigt, der Meeresspiegel glänzt wie glatt gestrichenes Silberpapier, nur ein paar Möwen rufen sich etwas zu, bis Stille herrscht und der Mond seine Botschaften ungestört aussenden kann. „Muttergottes Meeresstern" heißt eine Kirche in Swinemünde, wo der Baltische Jakobsweg beginnt. Möge ein Meeresstern stets behütend über uns allen stehen.

Beim Zurückblicken zur Westmole von Swinemünde lösen sich die Konturen der Mühlenbake langsam auf, bis sie im Lichtkegel des Mondes gänzlich verschwinden, was sich wie eine Prophezeiung deuten lässt. Seit etlichen Jahren verbreitert sich vor der Mole der Ostseestrand, und zwar durch Sand vom Streckelsberg, der von der Brandung abgetragen und von Wind und Wellen ostwärts getrieben wird. Der Strand von Swinemünde wird auf die Weise immer breiter, die Westmole immer kürzer ... Dinge kommen, Dinge gehen ...

Wie aufflackerndes Meeresleuchten sind bald die Lampions von der Ahlbecker Seebrücke zu sehen.

Benz

Auf den Spuren von Lyonel Feininger

Die *Cleveland Ohio* noch mit Holzfelgen möchte man am liebsten sofort ausprobieren. Doch ist das Fahrrad im *Kunst-Kabinett Usedom* fest auf dem Boden montiert, wo es wie zum Empfang in der „Feininger-Halle" die Galeriebesucher in Benz begrüßt. Das originale Fahrrad des deutsch-amerikanischen Künstlers ist das Ausstellungsstück nicht, aber genau jene Kultmarke von anno 1897, mit der Lyonel Feininger die Ostseeküste erkundet hat. Der Sohn eines Musikers und einer Sängerin war passionierter Radfahrer, legte viele Tausend Kilometer pro Jahr radelnd zurück, gern ließ er sich zudem mit seinem Vehikel fotografieren. Und als er am 17. Mai 1908 zum ersten Mal nach Usedom kam und sich in der *Villa Zander* in Heringsdorf einmietete, zeichnete er unter eine postkartengroße Ankunftsnotiz sein angewinkeltes Bein, das gerade den Fuß auf die Insel setzt.

Bis 1913 kehrte Feininger regelmäßig im Spätsommer und Frühherbst wieder, stets mit Skizzenblock und Stift. Im September 1910 schrieb er seiner Frau Julia amüsant zweisprachig gemischt: „It is very stimmungsfull." Doch bedauerte er, dass es ihm nicht gelang, ein Bild zu malen, das seinen Vorstellungen entsprach. Jeder Anlauf ende „only langweilig". Auch Wochen später sah er keinen Silberstreifen am Horizont, „I can find no Reiz in them", was sich indes bald ändern sollte.

Mit Knickerbockern, Hemd, Krawatte und Baskenmütze wirkte der Fremde mit Fahrrad auf die Inselbewohner vor allem im Hinterland exotisch. Doch machte es ihnen nichts aus, ehrte sie gar, wenn er sie mit Sense oder Heugabel malte. Manch ein Fischer soll den Künstler gebeten haben, die damals neue amtlich angeordnete Nummerierung auf ihre Kutter zu malen – echte Feininger, die inzwischen ein Vermögen wert wären!

Während seiner zahlreichen Inselaufenthalte schuf Feininger einen Fundus wertvollster Zeichnungen, Aquarelle, Holzschnitte und Ölgemälde, darunter Schiffe, Fachwerkhäuser, Windmühlen, Wolkensinfonien. Als Verehrer des Orgelvirtuosen Johann Sebastian Bach komponierte Feininger, der sich wie seine Eltern zunächst auch der Musik gewidmet hat, mehrere Fugen im Stil des Barock. In den „Farbklängen" seiner Usedomer Werke spiegelt sich das Gefühl für Dissonanzen und Harmonien, Kontrapunkten gleich schweben drei hellblau getuschte Wolken über dem aus Erdenbraun und Wiesengrün in den Himmel ragenden Benzer Kirchturm auf einem Aquarell, datiert von 1933. Zu jener Zeit verbrachte Feininger seine Sommerfrischen im pommerschen Fischerdorf Deep, bis er 1937 in die Emigration ging.

„Peppermint" nannte Feininger sein am häufigsten auf Usedom gemaltes Dorf Neppermin. Konnte er doch an dessen Hafen am Nepperminer See seine Fantasie schweifen lassen, wie er es als kleiner Junge in New York getan hatte. Die Südspitze Manhattans mit ihren über hundert Piers erschien ihm „wie ein Wald hoher Masten", denn die einzelnen Schiffe, die mit ihrem Bug dicht an dicht an den Uferstraßen vertäut waren, konnte man kaum auseinanderhalten. Auch die Fähren, Klipper, Schlepper und Raddampfer auf dem Hudson oder East River zogen Lyonel in den Bann, von vielen Schiffen merkte er sich bereits als Fünfjähriger die Namen. Nach der Scheidung seiner Eltern begleitete der Sechzehnjährige seine Mutter 1888 auf der Überseepassage nach Deutschland, sein künftiges „Adoptiv-Vaterland". Das Meer wurde zum künstlerischen Thema. Und so besuchte Feininger an der Ostsee zum Beispiel den Hafen von Swinemünde, zeichnete er die Seebrücken von Ahlbeck und Heringsdorf, malte er Anleger, die Küstenwache oder Boote am Strand. In „Peppermint" träumte er stundenlang in den Tag – gegenüber seinen „Möweninseln" Werder und Böhmke. Die winzigen Eilande sind heute für Brandgänse, Haubentaucher, Lachmöwen oder Flussseeschwalben Brutstätte und Biotop.

Feininger hatte viele Lieblingsradwege auf Usedom, fuhr immer dieselben Strecken ab, hielt für Skizzen an. Sobald ein Block voll war, lochte er die Blätter und heftete sie ab. Auf einer mit Bronzeplaketten ausgewiesenen „Feininger-Tour“, die rund 56 Kilometer umfasst, kann man sich die Malorte selbst anschauen – am besten ebenfalls mit dem Fahrrad, Skizzenblock und Stift. In zwei Routen, einer kleineren und einer größeren, sind die Touren aufgeteilt, startend immer in Benz. Die erste führt über Neppermin und Balm nach Mellenthin, die zweite über Sallenthin und die Kaiserbäder nach Swinemünde und von dort zurück über Zirchow, Korswandt, Gothen und Neuhof. Martin Bartels, ehemals Pfarrer in Benz, dem wir in Bansin als Freund von Hans Werner Richter begegneten, arbeitete die Tour unter der Federführung der Gemeinde Benz mit aus. Als Grundlage dienten Feiningers Briefe, Bildmotive und Perspektiven sowie seine „Natur-Notizen“, jene flüchtigen Zeichnungen, aus denen im Atelier ausgereifte Werke wurden. Annähernd zehn Jahre dauerte es, bis das Projekt abgeschlossen war. Bei den Recherchen stieß das Team um „Bruder Martin“ auf eine persönliche Widmung von Lyonel Feininger 1924 an seinen Sohn: „Meinem lieben Andreas! Von Papileo“. Innerhalb der Familie hieß Vater Feininger Papi Leonell, „Papileo“. Dieser Kosename steht nun auf dem Titel des Begleitbuchs zur Feininger-Radtour: *Papileo auf Usedom* (2009).

Allein über siebzig Arbeiten, die auf der Insel entstanden, tragen Motive aus Benz, darunter auch die Holländerwindmühle auf dem Mühlenberg, an dessen Fuß der alte Friedhof von Benz liegt, wo der „Käpt'n“ ONH und sein „Stüermann“ sowie auch Carola Stern begraben sind. 1910 machte Feininger eine Kohlezeichnung der Mühle, die damals noch Flügel hatte. Im Zuge der Elektrifizierung nahm man sie ab. Bei den Dreharbeiten

1968 zur DEFA-Verfilmung von Theodor Fontanes Roman *Effi Briest* schraubte man ans technische Denkmal Attrappenflügel, die im Ostseewind allerdings bald abfielen. Erst Otto Niemeyer-Holstein, der die Mühle 1979 aus eigenen Mitteln komplett restaurieren ließ, brachte wieder richtige Flügel an, wozu Feiningers Zeichnung wichtige Hinweise geliefert hat. Im *Backhaus* sitzt man inzwischen herrlich im Freien vor der Mühle an Holztischen zu Kaffee und selbst gebackenem Kuchen oder erbaut sich an kulturellen Darbietungen, die an diesem stillen Winkel stattfinden, etwa Lesungen aus Feiningers Comicstrips *The Kin-der-Kids* (1906) – hintersinnige Geschichten von drei Kindern deutscher Auswanderer, die in einer schwimmenden Badewanne auf den Weltmeeren unterwegs sind.

Feiningers Lieblingsmotiv war auf Usedom zweifellos die Benzer Kirche. Von stets neuen Standorten aus näherte er sich ihr, mal mit Bleistift, mal mit Farbstift, manche Arbeiten sind kubistisch auf den Kirchturm zentriert, wodurch es Feininger meisterhaft gelang, so Martin Bartels in seinem *Papileo*-Buchtext, die Kirche „als Leuchtturm" in einer bewegten Zeit darzustellen, aufgeladen durch „Strahlenbahnen vom Himmel" mit ungeheurer Kraft. 1911 wurde die gewölbte Holzdecke der Benzer Kirche mit einem Sternenhimmel ausgemalt. Fand sie Feiningers Gefallen? Der ehemalige Pfarrer glaubt, der Künstler wäre bei einer gemeinsamen Begehung zunächst auf die Empore gestiegen, um die Orgel auszuprobieren, als kleiner Junge hatte Lyonel Geige gelernt und spielte auch Klavier.

Das *Kunst-Kabinett Usedom* ist neben der Benzer Kirchhofmauer in einer alten Scheune untergebracht –

ein weiterer stiller Winkel, in dem man Stunden verbringen kann. Ausgewählte Feininger-Werke hängen in der Galerie aus, Drucke und Originale werden verkauft. Und natürlich Postkarten, darunter auch eine, auf der jenes Aquarell mit den drei schwebenden hellblau getuschten Wolken über dem Benzer Kirchturm abgebildet ist. Lyonel Feininger war „rein verzaubert ob der Eindrücke" in Benz. Den vielleicht schönsten Ort auf der Insel machten seine Bilder weltberühmt.

Rund ums Wasserschloss Mellenthin

Von Morgenitz zum Balmer See

Anno 1270, als es auf Usedom nur kleine Dörfer gab, die den Klöstern, dem Adel oder auch dem Herzog gehörten, tauchte es als „Mildotiz“ urkundlich erstmals auf, was „Mittelpunkt“ bedeutet, und dort liegt es auch: Mellenthin im Mittelpunkt von Usedom. Die Gegend zwischen Krienker See und Balmer See war schon früh besiedelt, Slawen vom Stamm der Liutizen errichteten im heutigen Naturschutzgebiet Mellenthiner Os eine Ringburg, die im Eichenwald noch sichtbar ist. Die an Maiglöckchen erinnernde zarte weiße Schattenblume breitet sich hier gern aus, dazu der mit goldglänzenden Drüsen besetzte, weithin gefährdete Gagelstrauch sowie das violett blühende Sumpfblutauge und der mannshohe buschige Sumpf-Haarstrang. Habichte, Rotmilane und Hohltauben finden im Mellenthiner Os geschützte Brutplätze, und Neuntöter sieht man oft auf Warten aus Sträuchern oder Zweigen, ihr Revier weit überschauend, „gwääh".

Umgeben von einer Backsteinmauer liegt am Dorfeingang auf einer leichten Anhöhe die Mellenthiner Kirche. Über ihre Baudaten ist nichts bekannt. Doch lässt sich anhand der gotischen Bausubstanz darauf schließen, dass das Kleinod bereits existierte, als Mellenthin 1336 in den Besitz derer von Neuendorf übergegangen war. 1641 starb das Usedomer Adelsgeschlecht aus. Im Innern der Kirche finden sich seltene kunsthistorische Schätze, vor allem im Kreuzrippengewölbe die Freskomalereien. Der Kirchenfriedhof strahlt unter den Kronen mächtiger Stieleichen eine altertümliche Würde aus. Auf ein Grabkreuz sind die Zeilen eingraviert:

Wir sind auf ewig nicht getrennt
Gott, der die Seinen alle kennt
Wird wieder uns vereinen
Dem Auge fern, dem Herzen ewig nah

Die älteste Eiche auf dem Friedhof soll so alt sein wie der älteste Kirchenteil, die Sakristei: über 680 Jahre! Die Mellenthiner Dorfkinder versuchten früher, den Stamm des immergrünen Baumes zu fünft oder zu sechst zu umarmen.

Eine schmale, mit Katzenkopfsteinen gepflasterte Allee führt zum Schloss Mellenthin, jenem Wasserschloss aus der Renaissance, dem einzigen Bau dieser Art auf Usedom und einem der prächtigsten in Deutschlands Norden. Rüdiger von Neuenkirchen ließ es sich nach Plänen des italienischen Baumeisters

Antonio Wilhelmi, der kurz zuvor das Stettiner Schloss entworfen hatte, zwischen 1575 und 1580 erbauen. Heute pulsiert in dem einstigen Herrensitz ein viel besuchter bunter Betrieb aus Hotel und Restaurant im einstigen Rittersaal, seit 2011 mit angeschlossener Brauerei, wo selbst gebrautes „Mellenthiner Hell" und „Mellenthiner Dunkel" in die Gläser schäumt. Zudem verwandelte sich 2012 die ehemalige Schlosshofkapelle in eine eigene Kaffeerösterei. „Lassen Sie sich auch überraschen, wie Bier mit Brot, Kaffee und Bernstein schmecken kann", lockt die Schloss-Homepage, „solange der Vorrat reicht!". Unter honiggelben Sonnenschirmen kann man auf dem Schlosshof gepflegt entspannen (nur darf der Parkplatz auch für Busse vis-à-vis nicht gefüllt sein!) oder dem Zirpen der Grillen an einem warmen Sommerabend lauschen.

Rund um Mellenthin halten sich viele stille Winkel auf Feldwegen um Äcker und Weiden versteckt, unvergesslich, wenn sich ein Regenbogen übers Achterwasser spannt, Nebelschwaden aus Sümpfen aufsteigen oder schlicht glückliche Kühe auf den sattgrünen Wiesen in aller Ruhe ihr Gras kauen und kauen, jede von ihnen bis zu siebzig Kilogramm pro Tag. In Morgenitz, eine bequeme Wanderstunde von Mellenthin entfernt, werden Liebhaber von Keramik und solche, die es werden könnten, reich verwöhnt. Mitten im Dorf betreibt die Brandenburgerin Astrid Dannegger, die an der Kunsthochschule in Berlin-Weißensee Keramik studierte, in einem mohnrot gestrichenen Bauernhaus unter bemoostem Reetdach ihre weit über Usedom hinaus bekannte Keramikwerkstatt. Das Anwesen mit seinem üppigen Garten stammt noch aus jener Zeit, als der

Alte Fritz „nebenan“ im Lieper Winkel die Seidenraupenzucht durchsetzen wollte, was ihm indes nicht gelang. Zwar wurden ab 1746 Hunderte von Maulbeersträuchern angepflanzt, doch „das raue Klima ließ sich nicht besiegen“, erklärte Robert Burkhardt in seiner Inselchronik. Astrid Dannegger war fünfzig, als sie 1990 auf die Insel kam. Seither brennt sie in einem selbst gemauerten Holzbrandofen, abgedeckt mit historischen Ziegeln, Teller, Tassen, Becher, Vasen und Schalen. Röschen oder blaue Pünktchen, Zitronen, Trauben und immer wieder Fische zieren die Glasur. Der Garten mit seinen zwei Brunnen ist sympathisch verwildert, bestückt mit Vogeltränken und eigenwilligen Plastiken um Margeriten und Männertreu. Auf einer großen Wiese ihres Grundstücks veranstaltet Astrid Dannegger jedes Jahr im Frühling und Sommer an jeweils einem Wochenende ihren Töpfermarkt – eine Institution mit Keramikern aus ganz Deutschland (nach vorheriger schriftlicher Bewerbung!). Von überall fallen dann Ausflügler, Garten- und Keramikfreaks in das ländliche Idyll ein. Anschließend ist es im Dorf wieder still.

Morgenitz bewahrte seine ländliche Abgeschiedenheit, legt Wert darauf, dass das so bleibt. Am Tourismus ist man hier nur in wohlüberlegter Dosis interessiert. Zurückhaltung drückt auch die backsteinerne Dorfkirche aus. Sie ist erheblich kleiner als das Mellenthiner Gotteshaus und hat einen frei stehenden, mit Schilf bedeckten Glockenturm. Auf dem Friedhof stellen eiserne Grabkreuze kunsthandwerkliche Raritäten dar. In Swinemünde wurden sie gegossen, die meisten sind über zweihundert Jahre alt. Man möchte innehalten – für ein Gebet.

Auf dem Weg nach Balm, wo die Halbinsel Cosim ihre Zunge ins Achterwasser reckt, kommen alte Beschreibungen zur eigentümlichen Form von Usedom in den Sinn, die von Granitgeschieben und „fruchtbarer Dammerde" erzählen, von Morästen in niedrigen Tälern und dem Zusammenfluss des Wassers zu Seen.

Balm liegt am erhöhten Ufer des Balmer Sees. 1998 hat sich das Dörfchen einen 27-Loch-Parcours zugelegt, der von Golfern in allen nur denkbaren Superlativen gepriesen wird. Zugleich gibt es warnende Stimmen, nicht noch mehr „Tafelsilber" preiszugeben. Ein stiller Winkel ist das Naturschutzgebiet Cosim mit seinen Salzwiesen sowie kleinen Bruchwäldern aus Birken und Weiden. Die Halbinsel ist mit Ausnahme des Aallochs am äußersten Zipfel öffentlich zugänglich, dennoch gilt es, achtsam zu sein. Rotschenkel und Rohrweihe nisten hier. Und manchmal kann man Sumpfschnepfen beim Balzen beobachten. Nicht umsonst rührt der Name Cosim von dem slawischen „Kos" für die Liebe her. Doch leider „meckert" die Schnepfe, der „Vogel des Jahres 2013", beim Umwerben eher und heißt darum auch „Himmelsziege"!

Das Thurbruch

Einst ein Auerochsenwald

Vom Blick der Seeschwalben aus, der Kiebitze und Weißstörche oder der Stare, die oft pralle Wolken am Ostseehimmel bilden, senken sich auf der Landseite von Bansin, Heringsdorf und Ahlbeck sattgrün bewaldete Höhen und Hügel in eine weitläufige Ebene. Nördlich wird diese vom Gothensee begrenzt, einem Nahrungsbiotop für Gänsesäger, Schellente, Löffelente und vieles weitere Federvieh. Boote sind hier nicht erlaubt. Südlich reicht die Ebene bis zum ovalen Kachliner See, der Schwärme von Sandregenpfeifern anzieht. Zwischen den Seen erstreckt sich, von schnurgeraden Entwässerungsgräben durchzogen, das Thurbruch – eine einst unberührte Moorlandschaft mit Moorbirken, Rotbuchen und Traubeneichen und auf den Moränen urwaldähnlich umschlossen von Farnen, Kräutern und Gesträuch, in denen bei Vollmond die Schatten runzliger Moorhexen hängen. Bei Einbruch der Dunkelheit bekommt man noch heute im Thurbruch Gänsehaut, glaubt man zuweilen, den Schreiadler zu hören ...

Für Erkundungen zu Fuß (unbedingt mit festem Schuhwerk, da die Wege oft rutschig sind!) sind zwei Orte optimale Ausgangspunkte: der 32 Meter hohe Buchfinksberg bei Gothen, wo auch der *Storchenhof* zum Informieren über den klappernden Zugvogel liegt, und der Kückelsberg im Dreieck von Benz, Reetzow und Labömitz. Auf seinem fast doppelt so hohen „Gipfel“, der im Frühling eine goldene Ginsterkrone trägt, deren ätherischer Duft zur inneren Einkehr animiert, kann man vom hölzernen Aussichtsturm bis zur Pommerschen Bucht der Insel Wollin schauen. Wer Alleinsein (solo oder zu zweit) genießen will, bricht frühmorgens zum Kückelsberg auf und vertieft sich in jene Stimmung, die der Zempiner Maler Hugo Scheele über das Thurbruch 1932 in die Verse gekleidet hat:

Ein blasser Mond, der Sumpfohreule letzter Schrei
Verkündet, dass die Nacht vorbei,
Des Kranichs gellende Trompete
begrüßt des jungen Tages Röte.
Da schiebt sich aus dem braunen Moor
ein riesenhafter Leib hervor,
Der Wisentstier, der starke Ur,
der unumschränkte Herr vom Thur.

Am Ende der letzten Eiszeit formte sich zwischen Ostsee und Stettiner Haff ein Gletscherzungenbecken, in welches das Schmelzwasser von den Moränenwällen wie in eine riesige Wanne floss. Im Laufe von Jahrtausenden bildete sich auf die Weise ein Niedermoor mit einer mächtigen Torfschicht, woraus Bruchwälder aus Weiden und Schwarzerlen emporwuchsen, Tümpel und Weiher entstanden. Bis 1360 streifte der Auerochse – beäugt von Luchs, Wolf, Wildkatze oder Bär – in dem sumpfigen Dickicht umher. Die Slawen nannten den Wildbüffel, dessen Widerrist 185 Zentimeter erreichte, seine Körperlänge mehr als doppelt so viel, „Thur". Europaweit rotteten Menschen den Auerochsen aus, raubten seinen Lebensraum. Den letzten „Herrn vom Thur" hatte Herzog Wartislaw V. von Pommern erlegt. Nie wieder ward sein „riesenhafter Leib" im braunen Moor gesehen ...

Umfangreiche Wasserabsenkungen durch Melioration bis weit in die Ära der DDR hinein veränderten das Thurbruch, gaben dem Moor ein immer wieder neues Gesicht, was mitnichten nur von Vorteil gewesen ist. Den Anfang zur Landgewinnung und Neuansiedlung machte hier Friedrich der Große, parallel zum Kartoffelanbau und seinen Aktivitäten in Ahlbeck. Nach dem Muster der Trockenlegung der Havelbrüche unter der Regie seines Vaters, Friedrich Wilhelm I., der wiederum holländische Pioniere zum Vorbild nahm, forcierte Friedrich II. die Umwandlung großer Moorflächen in Dauergrünland. Und da die Macht des Staates nach Ansicht des Preußenkönigs von der Quantität des Volkes abhing, war ihm wichtig, die Bevölkerungszahl zu erhöhen, auch wenn dies gelegentlich nur peu à peu vor sich ging. So wurden dreißig Einwanderer aus Mecklenburg und Schwedisch-Pommern zum Torfstechen ins Thurbruch geholt. Sie bildeten 1774 die

Moorkolonie Ulrichhorst. Namenspatron war wie beim hinterpommerschen Ulrichsfelde der Stettiner Domänenrat Georg Philipp Ulrich, seines Zeichens „Gehilfe" von Finanzrat Franz Balthasar Schönberg von Brenkenhoff. Letzterer galt in Preußen als versiertester Kopf in Sachen Landschaftskultivierung. Darum hatte ihn Friedrich II. als Leiter und persönlichen Vertrauten für das Projekt Thurbruch ausgewählt.

Bis heute stehen Häuser, Stallungen und Scheunen in Ulrichhorst „wie die Grenadiere" des Preußenkönigs nebeneinander aufgereiht, haben die „Moorkolonisten" ihre Gemüsegärten nach wie vor auf der Südseite des Straßendorfes angelegt, schreibt Claus Schönert in einer Studie über *Das Thurbruch auf Usedom* (1999), mit der man die Gegend bestens erwandern und erradeln kann. Das Heft ist vergriffen, schade. Denn kritisch und kurzweilig erklärt es auf 75 Seiten die inhaltsreiche und zum Teil komplizierte Geschichte über den Bau der Gräben und Kanäle sowie die Brenntorfgewinnung. 1957 war Claus Schönert von Greifswald nach Usedom gezogen, trat er als frisch examinierter Biologielehrer seinen Schuldienst in Heringsdorf an. Viele Inselschätze waren damals noch unentdeckt. Zum Beispiel bei Bansin inmitten von Buchenwäldern jener kleine Moorsee, den wir inzwischen als Mümmelkensee kennen. 1955 hatte Schönerts Studienkollege Lebrecht Jeschke die Pflanzen in dem stillen Winkel als Erster seines Faches kartiert. Die Ufer des Sees säumten damals die inzwischen rar gewordenen Blüten der dottergelben Teichrose, landläufig Mümmel, plattdeutsch „dat Mümmelken". Schnell erblickte die Wortschöpfung Mümmelkensee das Licht der Welt. Gemeinsam mit Claus Schönert gelang es Lebrecht Jeschke, der später zu den wichtigsten Architekten des Nationalparkprogramms gehörte, dass der Mümmelkensee bereits damals unter Naturschutz gestellt wurde – als eines der letzten weithin unangetasteten Hochmoorgebiete. Ornithologen lacht hier das Herz, bekommen Lust auf fotografische Trophäenjagd. Denn zweihundertachtzig Vogelarten werden am Mümmelkensee gezählt. Unter ihnen der exotische Eisvogel, der sich stets mit seinem „tjiih – tjiih!“ verrät. Rotbauchunken und Schlingnattern, die nicht giftig sind, aber beißen, wenn man sie attackiert, leben in friedlicher Eintracht mit Sumpfporst, Sumpfcalla und Sonnentau. Und wenn Dunst über den von Schwingrasen umgebenen See schwebt, wiegen sich die weißen Fahnen des Wollgrases wie zu einem Sommerlied ...

Die massiven menschlichen Eingriffe am Thurbruch haben der Flora und Fauna nachhaltig zugesetzt. Doch vieles erholte sich. Davon zeugt eine Fülle prächtiger Schmetterlinge wie Schwalbenschwanz und Aurorafalter, Trauermantel und Dukatenfalter, Tagpfauenauge, Moorbürstenbinder und Kleiner Moorbläuling, Brombeer-Zipfelfalter oder Veilchen-Perlmuttfalter. Seerose, Lungenenzian und Gagelstrauch, Tausendblatt und Pfennigkraut zieren Gewässer, Sumpfherzblatt und Sumpfweidenröschen eroberten das Moor. Und wenn der „Moorochse“ ruft, keine Angst! Es ist die Große Rohrdommel, deren dumpfe Stimme Erinnerungen an die Urzeiten wachruft ...

Kamminke und der Golm

Am Stettiner Haff

Das Portal der achthundert Jahre alten Kirche von Garz nahe Kamminke und dem Golm an der Grenze zu Polen steht tagsüber offen. Denn seitlich des Altars, der auf einem Feldsteinfundament (einzigartig in den Sakralbauten Usedoms) ruht, dokumentiert eine Dauerausstellung das brennende Inferno 1945 in Swinemünde – „in ehrendem Gedenken mit Schmerz, Überlebensmut und Willen zum Neubeginn". Am 12. März jenes Jahres, als Hitlers Krieg bereits entschieden war, warfen 672 Bomber der US-amerikanischen Streitkräfte ihre todbringende Last auf die Stadt. Der Angriff dauerte keine Stunde. Geschätzte 20 000 Menschen kamen dabei um, darunter massenhaft Opfer der kilometerlangen Flüchtlingstrecks, die am östlichen Swineufer auf Überfahrt warteten oder zusammengepfercht in Zügen saßen, um den Swinemünder

Bahnhof zu verlassen. Zeitzeugenprotokolle in der Garzer Kirche berichten von Überlebenden, die die zerfetzten menschlichen Körperteile im Swinemünder Park sammeln mussten. Auf Lastwagen und Pferdefuhrwerken wurden diese auf den Golm gebracht und mit den Leichen in ausgehobene Löcher geworfen, zugeschüttet mit Erde und Kalk, „keiner identifizierte sie, keiner schrieb auf, wer die Toten waren".

Der Golm bei Kamminke am Stettiner Haff ist die höchste Erhebung auf Usedom, schon im Sommer 1944 entstand unterhalb des Burgwalls ein Soldatenfriedhof. Viele Besucher der Kriegsgräberstätte schauen sich zunächst die Ausstellung in der Garzer Kirche an, lesen im Kirchengästebuch: „Wandere auf dem Jakobsweg für den Frieden", „Keine deutschen Waffen und Soldaten in andere Länder", „Wie viele unterschiedliche Handschriften füllen dieses Buch, wie viele unterschiedliche Gedanken" oder „Der Herbst hält mit großen Schritten Einzug, es wird kühler, stürmisch, ungemütlich, doch die Menschen kommen zu jeder Zeit nach Kamminke". Und schließlich: „Schön, dass die Kirche offen ist, ein Ort der Stille."

Wer ohne Auto unterwegs ist oder es im drei Kilometer entfernten Garz parkt, wandert am Haff entlang der Steilküste nach Kamminke, einem der ältesten Fischerdörfer auf Usedom. Und wenn nicht gerade Reisegruppen und Schulklassen den Hafen überfüllen, was häufig der Fall ist, herrscht um die Fischerkaten und herausgeputzten Gärten eine trauliche Atmosphäre. Schiffe legen nach Ückermünde ab, in der Gaststätte *Haffblick* oder auf der Mole in der Fischräucherei *Klönsnack* sitzt man behaglich, isst Dorsch, Hering oder

Zander, trinkt zischendes Lübzer Pils. Bei Wetterlagen Grau in Grau verwandeln sich Himmel und Haff in ein monochromes Gemälde von herber Anmut. Von Abendrot durchglühte Sonnenuntergänge verleihen dem Haff ein fast schon südliches Flair.

Aus dem einst riesigen Gewässer ragten in vorgeschichtlicher Zeit Anhöhen wie der Golm als einzelne, vom tosenden Meer umspülte Inseln heraus, so Robert Burkhardt, dessen schon mehrfach zitierte Usedom-Chronik auch zu dieser Gegend Spannendes beizutragen vermag. Wer weiß schon, dass die Swine damals „ein fast zwei Meilen breites Tor zwischen dem Golm und den Misdroyer Höhen" bildete, welches selbst „Delphinen und walfischartigen Tieren Einlass bot". Durch dieses „Meerestor" brauste das Wasser wie im Skagerrak oder Kattegat mit „wilder Gewalt".

Als in Swinemünde der Seebäderbetrieb begann, war jener Spuk längst vorbei und der Golm die beliebteste Destination unter den „Landpartien". 1842 schwärmte der Publizist Wilhelm Cornelius, der 1809 in der Stadt geboren wurde, von der „entzückenden Aussicht über Land, Meer und Binnenwasser, über Wiesen, Wälder und Felder".

Lange war der Golm nach 1945 kein wirklicher Ort der Trauer. Ein von der Pommerschen Evangelischen Kirche aufgestelltes 13 Meter hohes Holzkreuz wurde 1954 bei Nacht und Nebel abgebrochen und verschleppt. Zwei Jahrzehnte später entstand auf dem Golm der bis heute existierende Rundbau aus Beton. Dessen eine Innenseite erhielt die Inschrift: „Dass nie eine Mutter mehr ihren Sohn beweint." 2009 rissen Unbekannte den Satz heraus.

Seit 2012 sind die Namen aller bekannten auf dem Golm ruhenden Kriegstoten auf Kunststofftafeln aufgeführt, außerdem jene der Opfer vom 12. März 1945, bei denen die Grablage unklar ist. Zuvor erfüllten Bronzetafeln diesen Zweck. Doch viele von ihnen wurden wiederholt beschädigt oder demontiert. Am Aufgang zum Golm weist ein neues Holzkreuz auf die Gedenkstätte hin. Es ist nur halb so hoch wie das alte und mahnt zur Versöhnung über Gräber und Grenzen hinweg.

Im Lieper Winkel
Kleine Fluchten

Wer Abgeschiedenheit auf Usedom sucht, findet diese im Lieper Winkel zwischen Achterwasser und Peenestrom, heißt es stets von Einheimischen wie Kennern der Region, sofern kleine Fluchten überhaupt verraten werden. Und das ist gut so. Die Allee durch den Usedomer Stadtwald zum Lieper Winkel existiert erst seit 1898. Bis dahin erreichte man die sechs Dörfer nur auf dem Wasserweg oder auf beschwerlichen Pfaden mit Pferd und Wagen. Von der stark befahrenen B 110, ungefähr drei Kilometer von der Stadt Usedom entfernt, biegt jene Allee bis heute zum Lieper Winkel ab. Rankwitz, Quilitz, Warthe, Reestow und Grüssow liegen wie ein Blumenkranz um das Hauptdorf Liepe. Der Name geht auf das slawische „Lipa" zurück und bedeutet Lindenort. 1187, als der Lieper Winkel erstmals urkundlich erwähnt wurde, wuchsen vor allem

Linden, vermutet man, in den Wäldern. Und diese waren so undurchdringlich, dass sie 1275 zwecks Erschließung gerodet wurden. Zu jener Zeit gehörte die Halbinsel bereits Kloster Grobe unweit der Stadt Usedom, wozu es im Rahmen einer Schenkung der Witwe des Pommernherzogs Bogislaw I., Anastasia von Polen, gekommen war. Später siedelten die Prämonstratenser nach Pudagla am Schmollensee um.

Der Lieper Winkel hat sich „dörch alle Tieden und Unbillen hennwech“ seine Eigenarten bewahrt, und das liegt an dem „bordenstännichen Minschenschlach“, erklärte der Heimatforscher Hans Warnke 2004 in einem Themenheft der *Usedom-Wolliner Blätter*. Wurde ein Fischer oder Bauer zu Grabe getragen, von dem es hieß, „dei is nich gaud ankummen“, warf man zum Beispiel in Warthe, kurz bevor der Leichenzug die Grenze zum Kirchenfriedhof in Liepe erreichte, ein Bündel Stroh ab, damit der Tote im Dorf nicht spuken könne. Oder in Reestow besaß ein Dorfbewohner einen Kobold in Gestalt eines Hahnes, der sich in einer Scheune verschanzt hielt. Entdeckte ihn ein Fremder, streute er diesem Körner in die Augen, auf dass er erblinde, sobald sich die Tat wiederholte. Die „Lieperwinkler“ machten sich mit solchen Sitten und Bräuchen nicht unbedingt Freunde, wurden gar „mit Verachtung angesehen“, so Alfred Haas in seinen *Sagen der Insel Usedom und Wollin* (1904). Doch gab es auch Kurioses, etwa aus Rankwitz. Als einmal wieder Soldaten der napoleonischen Truppen im Lieper Winkel nach Nahrung suchten, scheuchte ein Bauer seine Gänse unters Bett, nachdem er ihnen eingeschärft hatte, keinen Laut von sich zu geben. Die Soldaten rückten an, schnatterten französisch durcheinander. Freudig flatterten die Gänse aus ihrem Versteck, wähnten sie doch in den Stimmen verwandte Artgenossen, was sich als tödlicher Irrtum erwies. Zu den Eigenarten des bodenständigen Menschenschlags im Lieper Winkel gehörte immer auch schon der Aberglaube. So wurden Schlüssellöcher verstopft, namentlich während einer Geburt, damit keine bösen Geister ins Haus eindrangen. War das Kind da, tröpfelte die Mutter ihm Wasser auf die Stirn, um Dämonen und Hexen abzuwehren. Hochzeiten zogen sich in den Dörfern über mehrere Tage hin, wobei kräftig gebechert, gut und deftig getafelt wurde, vorzugsweise „Grütt", „dat gele Eten" und „dat schwarte Eten", Grütze, Gelbsauer und Schwarzsauer, listete Wilhelm Meinhold in seinen *Humoristischen Reisebildern von der Insel Usedom* (1837) auf. Und weiter verrät er, dass man im Lieper Winkel „aus Nationalstolz" verschmähte, „auswärts" eine Ehe einzugehen. Passierte dies aber doch, so hatte die Frau sich sogleich „lieperwinklich" zu kleiden, also in ein braunrotes wollenes Mieder mit schwarzen Streifen und einen „Wulst von übereinander gehängten Röcken" zu steigen, die bis an die Waden reichten.

Das „merkwürdige Völkchen" trug bis weit in die Mitte des 19. Jahrhunderts als Einziges auf Usedom eine Tracht – vergleichbar den Rüganern auf der Halbinsel Mönchgut. Stoffe und Garne stellten die „Lieperwinkler" aus Schafwolle, Hanf und Flachs selbst her, zudem gab es in den Dörfern, die vom Rest der Insel weithin abgeschnitten, aber damit zugleich auch unabhängig waren, Schuster und Sattler, Stellmacher und Tischler, Schmiede, Schlosser, Schlachter, Bäcker und natürlich Fischer. Im *Heimatmuseum*, das 1995 in Rankwitz eröffnete, vermitteln gesammelte Alltagsgegenstände aus dem Lieper Winkel einen Eindruck der einstigen Dorfkultur, darunter ein Webstuhl und ein Spinnrad, ein Karrenpflug und Gabelwender, Aalkörbe und Aalschnüre sowie eine Küche mit Butter- und Pökelfässern. Führungen finden auf „Plattdütsch" statt, damit „disse schöne olle Sprohk" gewürdigt und gepflegt wird. Hochdeutsch geht es im *Rankwitzer Hof* zu, jedenfalls für Gäste, die „datt Plattdütsche nich so gaud verstohn". Üppige Fischplatten mit Dorsch, Barsch, Hecht und Zander stärken für Wanderungen oder Radtouren zu stillen Buchten, Pferdekoppeln, auf den Jungfernberg oder zu Sümpfen am Kreuzer Ort. Am Rankwitzer Hafen mit windgeschützter Glasterrasse ankern Segler, gegenüber auf dem Festland liegt die Marina von Lassan. 1571 bestimmte die „Lassansche Wasserordnung", dass die Fischer des Lieper Winkels vier Mal pro Jahr vier Kähne voll frischem Fang an die Hofküche von Herzog Ernst Ludwig von Pommern-Wolgast, einen Sohn von Herzog Pilipp I., zu liefern hatten. Stör vor allem galt neben Lachs und Wels als „Herrenfisch". Auf heute übertragen, bedeutete dies: Ab damit in die Staatskanzleiküche nach Schwerin!

Schloss Stolpe

Umweht noch vom Flair der Gräfin Freda von Schwerin

Als „Stückgut“ kam sie zurück. In der Nähe von Lüneburg hatte sie nach der Flucht aus Stolpe östlich des Usedomer Sees in einem bescheidenen Zimmer von der Wohlfahrt gelebt. Dort starb die Gräfin am 13. März 1957 mit 85 Jahren: Freda von Schwerin. In einem einfachen Sarg wurde sie wenig später nach Stolpe überführt. Es war ihr testamentarischer Wunsch, auf dem Dorffriedhof ihre letzte Ruhe zu finden. Still und ohne Aufhebens.

Gräfin Freda von Schwerin war das Herz von Schloss Stolpe, eine Frau von schillernder Ausstrahlung und „souverän in ihrem Stil“, schrieb der Schriftsteller Hans Schwarz, der eng mit der Familie befreundet war und 1949 den Friedenspreis des Deutschen Buchhandels begründet hat. Jeden Mann, den die aparte Schönheit kennenlernte, soll sie zunächst auf die Probe gestellt haben, indem sie ihm eine Schmeichelei zuwarf und wartete, wie er reagierte. Als Graf Friedrich von Schwerin um die Hand der Generalstochter aus dem alten pommerschen Adelsgeschlecht derer von Kleist anhielt, fragte ihr Vater den künftigen Schwiegersohn, ob er sich seine Entscheidung auch reiflich überlegt habe. „Meine Tochter hat das Zeug, Ihnen die Karriere zu ruinieren!"

Wie eine Lichtgestalt wirkt Gräfin Freda auf einem Gemälde, das dem Münchner Malerfürsten Franz von Lenbach zugeschrieben wird. Mit der aufrechten Haltung einer Reiterin steht die Schlossherrin da vor schwarzem Hintergrund mit hochgesteckter blonder Lockenfrisur in einem ärmellosen, eng anliegenden Abendkleid aus hellgrauem Seidenchiffon. Um ihren Hals schmiegt sich ein fast handbreiter Perlenschmuck. In der Mitte des tiefen Dekolletés steckt eine Rose im gleichen Orangerot wie die Lippen in ihrem schmalen, eher blassen Gesicht. Bis zum Oberarm reicht der elegante Handschuh, auf dem sich das feine gold-olivgrüne Muster des Abendkleids fortsetzt. Die Augen der Gräfin unter auffallend starken Brauen schauen an ihren Betrachtern vorbei, versonnen, ernst und wachsam. Das Porträt im Seitenprofil könnte auch eine Momentaufnahme anlässlich einer Soiree sein – dort, im Grünen Salon, wo eine Kopie des Gemäldes heute in Schloss Stolpe hängt und Besucher auf einem Rundgang durch die Räume in Empfang nimmt. Eine Dorfbewohnerin hatte seinerzeit das Original, als sich am volkseigen gewordenen Schlossinventar hemmungslos bedient wurde, in weiser Voraussicht abgenommen und es bei sich im Hause auf dem Heuboden in Sicherheit gebracht. Über eine ganze Epoche lang. Sogar Mäuse hielten sich respektvoll von dem Kunstwerk fern.

Freda Anna Wilhelmine von Kleist heiratete 1895 Graf Friedrich Rudolf Bernhard von Schwerin. Sie war 22 Jahre alt, Graf Friedrich vier Jahre älter. Noch im Hochzeitsjahr wurde der gemeinsame Sohn Karl Josef geboren. 1896 erwarb der Vater des Bräutigams, Graf Bernhard von Schwerin, Schloss Stolpe aus einer Konkursmasse und holte es damit in die Familie zurück, die seit dem frühen 14. Jahrhundert Usedomer Geschichte schrieb und bis 1753 im Besitz des Schlosses gewesen war. Danach ging es durch verschiedene Hände. 1897, als der zweite Sohn, Hans Heinrich, auf die Welt gekommen war, schenkte Graf Bernhard dem jungen Paar die 16-Zimmer-Unterkunft. Im darauffolgenden Jahr fand der Umzug von Berlin nach Stolpe statt, nachdem sich Graf Friedrich aus seinem Offiziersdienst bei den legendären Pasewalker Kürassieren verabschiedet hatte. In Ahlbeck feierte man damals gerade die Einweihung der Seebrücke. Über hunderttausend Gäste zählte die Insel während der Saison. Und anlässlich der Flottenparaden und Kaisermanöver ab 1907 auf der Swinemünder Reede wehten überall bunte Wimpel und Reichskriegsflaggen.

Gräfin Freda liebte die ruhige Lage an dem sagenumwobenen Stettiner Haff, den Geruch frischer Äpfel, die Luft. Fürsorglich kümmerte sie sich um ihre Leute auf dem Gut.

1918 fiel Hans Heinrich im Ersten Weltkrieg, erst 21 Jahre alt. 1924 verlor die Gräfin ihren Ehemann, der völlig überraschend starb. 1941 fiel Karl Josef im

Russlandfeldzug, im selben Jahr wurde sein Sohn Hans Josef geboren. 2002 schrieb dieser die Geschichte der „Schwerine in Stolpe“ auf. Dabei blieb vieles notgedrungen lückenhaft. Waren doch nahezu alle Briefe, Fotos oder Dokumente etwa vom Anbau der Türme für immer verloren, nachdem seine Großmutter Freda (deren Lenbach-Porträt von etwa 1900 inzwischen in den Privatbesitz des Enkels fiel) Stolpe im November 1945 verlassen musste.

Jene politische Groteske, die ihre „Rückkehr“ 1957 auslöste, verarbeitete der ehemalige DEFA-Dramaturg Wolfgang Kohlhaase in seinem Essay *Begräbnis einer Gräfin* (1977). Nach aufgeregtem ideologischen Hin und Her begleiteten über zweitausend Menschen den Trauerzug. Doch mussten sie einen mühevollen Umweg über Feldwege zur Grabstelle nehmen. Ein Traktor versperrte provozierend den direkten Weg.

1995 übernahm die Gemeinde Stolpe das Schloss mit der Auflage, das vom Schwamm befallene und deprimierend zugerichtete Anwesen instand zu setzen und einer öffentlichen Nutzung zuzuführen. Unterstützt vom 2001 gegründeten Förderverein gelang das Unternehmen – in einem kaum vorstellbaren Kraftaufwand. In der Halle hinter der schweren Doppelflügeltür knistert inzwischen der offene Kamin. Eine Freitreppe führt in den ersten Stock zur Galerie, in der sich eine Bibliothek und ein Bücherbasar befinden. Der Erlös der verkauften Titel, die von Philosophie und Weltgeschichte über Romane, Krimis, Kochen, Reisen bis zu Lexika, Biografien und Bildbänden reichen, fließt in die weitere Sanierung, denn es ist noch eine Menge zu tun. Im Rahmen des Usedomer Musikfestivals wird das Schloss alljährlich im Herbst zum „Podium der Ostsee“, im Sommer findet ein Lese- und Bücherfest statt, es gibt Theater-, Film- und Jazzabende sowie nicht zuletzt eine Schreibwerkstatt.

Gräfin Freda von Schwerin war gesellig und großzügig, sprach fließend Englisch, Französisch, Italienisch, hatte gern Gäste um sich herum, auch über Nacht. Diese Tradition soll in Stolpe wieder aufleben. Dazu ist geplant, das „Gräfinnenzimmer“ samt Bad und Ankleide neu herzurichten. Der Name Freda leitet sich aus dem althochdeutschen „fridu“ ab und bedeutet Frieden, Sicherheit und Schutz. Alle diese guten drei Dinge symbolisiert das heutige Schloss.

Vor den Toren von Anklam

Landgänge an Peene und Peenestrom

Peene? Peenestrom? Klären wir zunächst, was es mit diesen beiden Namen auf sich hat, bevor wir uns ins größte zusammenhängende Niedermoorgebiet Mitteleuropas begeben, wo immer seltener werdende Pflanzen und Tierarten wie die Trollblume oder das Blaukehlchen noch entdeckt und erlebt werden können: im Peenetal. Die Peene, slawisch für „Gischt" oder auch „Schaum", speist sich aus mehreren Quellen, lässt sich Zeit, ihre Mündung zu erreichen. Aus der Mecklenburgischen Schweiz kommend, läuft der 136 Kilometer lange Fluss in nordöstlicher Richtung an Demmin, Loitz und Jarmen vorbei Richtung Anklam und liegt stets gerade nur eine Haushöhe über dem Meer. „Mit hundert Windungen verliert er sich in hundert Armen, die hundert Mal das Verlassen des Landes zu verzögern versuchen", beschreibt Wolfgang Geisthövel 2001 den

„Amazonas Nordostdeutschlands“ in seinem literarischen Reiseessay über Uwe Johnson, der an der Peene in Anklam aufwuchs, indes im pommerschen Cammin an der Dievenow geboren wurde. In Anklam mündet die Peene in den Peenestrom, der wiederum aus dem Stettiner Haff kommt. Zur Orientierung für den weiteren Verlauf empfiehlt sich ein Blick auf die Landkarte: Der Peenestrom ist zugleich ein Meeresarm der Ostsee, mithin ein Gemisch aus Peene- und Ostseewasser. Und da die Oder ins Stettiner Haff mündet, kommt also auch noch ihr Wasser zum Peenestrom hinzu. Vom Usedomer Winkel mit der Stadt Usedom, die der Insel ihren Namen gab, führt der Peenestrom am Lieper Winkel und dem Gnitz vorbei, passiert Wolgast und ergießt sich schließlich bei Peenemünde, das eigentlich Peenestrommünde heißen müsste, über den Greifswalder Bodden in die Ostsee. Doch „in der Kürze liegt die Würze“, lautete dazu unlängst eine Kolumne in der *Ostsee-Zeitung*, seien doch die Pommern „ein gelassenes Völkchen und nehmen es nicht so genau“.

Wieder an den Anfang, zur Peene und zum Peenetal. Ohne Stromschnellen, ohne Wehre und mit einem Gefälle von nur wenigen Zentimetern eignet sich der Fluss hervorragend zum Wasserwandern. Kanufahrer schwärmen von den Touren, die von Naturschönheiten nur so überborden – mit Mooren, Bruchwäldern, Torfstichen und Feuchtwiesen, auf denen Pfeifengras, Kohldistel und Kriechhahnenfuß gedeihen, mit botanischen Raritäten wie der Schachblume oder der Bach-Nelkenwurz, umherflirrenden Libellen wie der Kleinen Moosjungfer oder Schmetterlingen wie dem Randring-Perlmutterfalter. Über hundertfünfzig Brutvogelarten gibt es im Peenetal, Spechte hämmern, der Kuckuck ruft, Bussard und Seeadler kreisen über dem Fluss. Und auch an Fischen herrscht kein Mangel, im Gegenteil: Rotauge, Barsch, Schleie, Wels oder Hecht fühlen sich in dem Gewässer wohl. Bei starken Winden und vor allem Sturm werden von der Ostsee schwere Wassermassen über den Peenestrom in die Peene gedrückt, sodass sie nicht mehr vorwärts, sondern rückwärts fließt, also flussaufwärts. Den Fischen macht das nichts aus. Sie haben sich den Launen der Natur angepasst, schwimmen gelassen in beide Richtungen.

Idyllische Wasserwanderrastplätze säumen das Peenetal, das 2010 den von der EU-Kommission initiierten EDEN-Award gewann, jene begehrte Auszeichnung für eine „European Destination of Excellence". Einer der schönsten Rastplätze – natürlich auch für Radfahrer oder Gäste auf der Reise von oder nach Usedom – liegt vor den Toren von Anklam in Stolpe. Das Dörfchen hat eine reiche Vergangenheit: 1153 gründeten Benediktiner hier das erste Kloster auf pommerschem Boden, die Herzöge aus Wolgast beehrten Stolpe oft, und Fritz Reuter, der große Dichter der niederdeutschen Sprache, verbrachte hier über mehrere Jahre seine „Sommervergnügen". 1856 schrieb er einem Greifswalder Freund: „Ich bin so wohl wie fast noch nie." Fritz Reuter arbeitete damals an seiner Verserzählung *Kein Hüsung*, die 1857 erschien. Und angeregt von den Stolper Klosterruinen, die der Dreißigjährige Krieg 1637 hinterließ, stellte er seiner *Urgeschicht von Meckelnborg* voran: „Ick stah anno domini 1860 tau Kloster Stolp bi Anklam ..." Das Werk blieb Fragment, wurde erst nach seinem Tod 1874 veröffentlicht. Der Juristensohn aus Stavenhagen war ein allseits beliebter humorvoller Unterhalter, gern saß er im *Stolper Fährkrug*, in dem bis heute die Bank steht, die sein Platz gewesen sein soll. Der denkmalgeschützte, aus dem 18. Jahrhundert stammende Fachwerkbau mit Reetdach und waldgrün gestrichenen Fensterrahmen und Türen hat von April bis September geöffnet. Auf der Sonnenterrasse werden Pommersche Kartoffelsuppe, Welsfilet auf Linsengemüse mit Senfsoße oder „Fährhaus-Stullen" aus hausgemachtem Steinofenbrot serviert – kreiert vom Küchenchef im *Gutshaus Stolpe*, zu dem der Fährkrug gehört. Das unweit gelegene klassizistische hellgelbe „Relais & Châteaux" befindet sich seit 1994 wieder im einstigen Familienbesitz. Es ist ein Ort für exklusive Gastlichkeit, Feste und Jubiläen.

Fritz Reuter war der Überzeugung, dass die Schöpfungsgeschichte im heutigen Naturpark Mecklenburgische Schweiz ihren Ausgang nahm, also dort, woher auch die Peene stammt ... Wer sie ohne Boot, wenn auch nur kurz, einmal befahren möchte, ruft den Stolper Fährmann nach gewohnter Tradition per Gongschlag. Mit der handbetriebenen Fähre setzt er nach Stolpmühl über und wieder zurück – die Spannweite des Lebens hat ein Stück dazugewonnen.

„Kanuten" paddeln auf der Peene weiter abwärts zum nächsten Landgang in Anklam. Die zehn Kilometer lange Strecke durch wildes Grün ist mit eigenwilligen Architekturen aus aufgeschichteten Ästen, Schilf und Erde versehen, gebaut und bewohnt von Bibern, die sich hier nach Jahren der Abwesenheit wieder ansiedeln. Unterwegs erschrecken aber auch kahle

Bäume, Gerippen gleich, die an jene auf Usedom am Ufer des Schmollensees erinnern. Hier wie dort ätzt sie der Kot der Kormorane tot, die obendrein den Fischern übel mitspielen, indem sie ihre Fangchancen drastisch minimieren. Die „Seeraben" werden mehr und mehr zum Problem.

Sobald sich das Schilf vom Peeneufer zurückzieht, kommt der Turm der behäbigen Anklamer Backsteinkirche St. Marien in Sicht. Wie das Anklamer Tor, heute das Wahrzeichen der einstigen Hansestadt, überlebte das Gotteshaus mit nur wenigen Schäden die Luftangriffe von 1943, die siebzig Prozent von Anklam in Schutt und Asche legten. Die übrigen dreißig Prozent, merkt Wolfgang Geisthövel an, blieben „als Gutschrift für den Flugpionier Otto Lilienthal" verschont, denn ohne ihn, den Anklamer Jungen, der den Störchen das Fliegen abgeschaut hatte, wäre die Flugtechnik vermutlich nie erfunden worden. Aus Weidenzweigen, elastisch, leicht und formbar, bastelte Lilienthal 1891 seinen ersten Flugapparat. Eine Rekonstruktion sowie Nachbauten seiner späteren Fluggeräte zeigt das *Otto-Lilienthal-Museum* am Rande der Stadt – ein unbedingtes Muss für alle, die abheben wollen!

Die Stadt an der Peene hat sich von ihrem Schicksal nie erholt. Fahle Schatten hängen über den Dächern. Doch die Zuversicht bleibt. Alles braucht seine Zeit.

Am Südzipfel von Usedom, dem Usedomer Winkel, endet die Peene, vereint sich mit dem Peenestrom aus dem Haff. Unweit davon ragt das Hubteil der einstigen Karniner Brücke wie in einem Filmriss aus dem Wasser heraus, 35 Meter hoch. Das „Filmskript" dazu lautet wie folgt: Im Zuge des aufstrebenden Seebäderbetriebes wurde 1876 eine Eisenbahnstrecke von Ducherow bei Anklam bis Swinemünde gebaut. Dazu musste der Peenestrom von Karnin auf Usedom zum Festland bei Kamp „überbrückt“ werden, einer fünfhundert Meter breiten Stelle mit regem Schiffsverkehr. Man entschied sich für eine Drehbrücke, die bis 1934 ihre Dienste erfüllte, als sie von einer Hubbrücke ersetzt wurde – damals Europas modernste Brückenkonstruktion dieser Art! Swinemünde, inzwischen ein gigantischer Kriegshafen der deutschen Reichsmarine, benötigte eine schnellere Verkehrsanbindung, den die Hubtechnik gewährleistete. Dabei ging es in erster Linie um den geplanten Krieg, nicht um den touristischen Reiseverkehr. Am 29. April 1945 sprengte die Wehrmacht die Karniner Brücke, um den Vormarsch der Roten Armee aufzuhalten. Das Hubteil mit dem Gleisbett im Peenestrom trotzte dem Unterfangen, wurde ein Publikumsmagnet – unverändert bis heute. Seit 1990 steht das Brückenrelikt in Sichtweite des stillgelegten Karniner Lotsenturms unter Denkmalschutz. Hinter seine dicken Mauern dringt kein Ton, die Deckenhöhen betragen acht Meter, und alles ist rund. Vom Rondell an der Turmspitze kann man wie einst ein Lotse übers Haff schauen, anschließend im Whirlpool abtauchen und in Badetücher gehüllt auf die Welt pfeifen. Frühstück wird zu gewünschter Uhrzeit auf die erste Treppenstufe des Turmes gebracht. Denn der Lotsenturm ist eine Luxusunterkunft für zwei Personen – ein stiller Winkel, gestaltet in lichtem Design, einmalig auf Usedom.

Ein Aktionsbündnis setzt sich dafür ein, die Karniner Brücke wieder aufzubauen und die Bahnlinie Berlin–Usedom zu reaktivieren, wie früher in zweieinhalb

Stunden! Derweil lassen sich Wasserwanderer auf Peene und Peenestrom weiter von der Natur betören – zum Beispiel, wenn die Kraniche ziehen oder Turmfalken, die in einer Kolonie auf der Karniner Brücke leben, zum Rüttelflug ansetzen. Und im Bahnhof der Stadt Usedom, der noch aus den Zeiten der Karniner Drehbrücke stammt und inzwischen zum Sitz des Naturparkbüros der Insel wurde, rückt eine Dauerausstellung ins Bewusstsein, dass alles Kreatürliche noch immer die wertvollste „Mitgift" für die Zukunft bleibt.

Lassan

Wilde Kost und Himmelsaugen

Als sei es ein Boot, das geradewegs auf den Hafen zusteuert! Einen solchen Eindruck erweckt das Ackerbürgerstädtchen am Peenestrom gegenüber von Usedom in Luftaufnahmen, denn die Linienführung der beiden Hauptstraßen sieht wie ein Umriss der Plankenränder eines Bootes aus. Lassan trug wie die Landschaft drum herum einst den slawischen Namen „Lesane", was so viel heißt wie „Bewohner aus dem Wald". Das Holzhandwerk prägte die kleinste Stadt Mecklenburg-Vorpommerns über lange Zeit. Davon zeugen meisterhaft geschnitzte historische Türen, die die Fassaden der Fachwerkhäuser zieren. Um 1435 wurde der Bildhauer Bernt Notke in Lassan geboren. Er schuf das Triumphkreuz im Lübecker Dom und in St. Marien Teile des Lübecker Totentanzes, der beim britischen Luftangriff auf die Hansestadt Palmarum 1942 zerstört wurde.

Der Weg von Wolgast in „die alte Stadt Lassan“, wie Wolf Biermann 1976 in seiner Ballade sang, führt in die stille Hügellandschaft des Lassaner Winkels. Das gilt auch für die Strecke von Usedom aus hinter der Zecheriner Klappbrücke über Pinnow, wo das Pfarrhaus für Pilger auf dem Baltischen Jakobsweg eine Herberge bereithält. Von vielen Anhöhen bieten sich zum Lieper Winkel jenseits des Peenestroms immer wieder neue Aussichten. Und in den kleinen Seen um Gutshäuser und Hofläden oder um die Wollwerkstatt in Jamitzow, darunter der Schoolsee, Trünnelsee, Beeksee, Papendorfer See oder Pulower See, spiegelt sich der Himmel – Himmelsaugen nennt man sie im Lassaner Winkel.

Als Geschenke des Himmels lassen sich die „Paradiesgärten“ betrachten, jene blühenden privaten Refugien, die verteilt über das ganze Jahr an bestimmten Terminen zum Besichtigen und Gedankenaustausch offen stehen – Gärten mit Rosenpracht oder heimischen Hölzern, „geordneter Wildnis“ oder kunstvollen Teichen. Zum Erntedankfest treffen sich Lassaner Bürger und Gartenfreunde, um rund um den Kirchhof von St. Johannis gespendete Blumenzwiebeln zu stecken. Gäste sind herzlich willkommen. „Wir freuen uns über Zwiebeln aus Ihrem Garten!“

Im nahe gelegenen Dörfchen Pulow, mit Lassan durch eine Mirabellenallee verbunden, stellt der *Kräutergarten Pommerland* handverlesene Bio-Kräutertees aus Kornblumen und Frauenmantel, Melisse, Malve, Minze oder Spitzwegerich unter poetischen Namen wie „Venusmond“, „Sternenklang“ und „Elfentraum“ her. Umsonst darf sich jeder am Feldrand der Teemanufaktur einen Sommerstrauß pflücken und mit nach Hause nehmen. Angeregt von jener Allee mit ihren wachsgelben Früchten gab sich im benachbarten Papendorf 1997 ein kleiner, ungemein engagierter Verein den Namen *Mirabell*. Und dieser legte einen Duft- und Tastgarten an, um den Reichtum an grünen Schätzen im Lassaner Winkel vor dem Vergessen zu bewahren. Auf Führungen durch das terrassenförmige Gelände, das sich über einen Hektar mit thematischen Beeten wie zum Beispiel „Dessertpflanzen" erstreckt, lernt man essbare Blätter und Blüten kennen, alte Gemüsesorten und Getreide und natürlich Heilpflanzen einschließlich alter Weisheiten wie „Vor dem Holunder zieh den Hut herunter!". Die reifen, schwarzen Beeren stärken das Immunsystem, ergänzt mit Schafgarbe fördern sie Schwitzkuren und senken dadurch fiebrige Temperaturen. Holunderbeeren heiß als Suppe gekocht beugt Erkältungen vor und mundet zudem vorzüglich, womit wir bei einem weiteren Geschenk des Himmels wären: der *Ackerbürgerei* in Lassan. An diesem Ort zum behaglichen Schlummern und Speisen wird „Wilde Kost" aufgetischt und im Rahmen spezieller Veranstaltungen einschließlich Drei-Gänge-Menü gemeinsam zubereitet – etwa nach einer Wildkräuterwanderung, an der oft auch Usedom-Gäste teilnehmen. Passend zur Jahreszeit stehen „Die Kräuter der Gründonnerstagssuppe", „Vergessene Wurzelgemüse" oder „Frau Holle" auf dem Programm. Die Märchenfigur der Brüder Grimm guckt im Juni zur Holunderblüte in Lassan vorbei, wenn die weißen Blüten wie Schneeflocken vom Holunderbusch fallen. Lange noch wirkt der Duft der Beeren nach, den Frau Holle, in Mythologien die wohltätige Göttin von Licht und Leben, über uns ausgeschüttet hat.

Benutzte Literatur

Bauer, Hans-Ulrich: Holzhäuser aus Wolgast. Ikonen der Bäderarchitektur, Teil I und II, Heringsdorf 2010/2011

Bode, Volkhard/**Kaiser**, Gerhard: Raketenspuren. Waffenschmiede und Militärstandort Peenemünde, Berlin 2011

Bueckling, Adrian: Die neuvorpommersche Seestadt Wolgast. Historisch-maritime Skizzen, Schwerin 2000

Ders.: Vergessene Wolgaster Lebensbilder, Schwerin 1999

Burkhardt, Robert: Chronik der Insel Usedom, Swinemünde 1911

Dollen, Ingrid von der: Die Usedomer Maler. Landschaft 1933–1995, Bad Honnef 1996

Faass, Martin: Im Hafen von Peppermint. Die Schiffe Lyonel Feiningers, Schwerin 1999

Fret, Rosemarie: Sehwege auf Usedom, Halle 2009

Geisel, Sieglinde: Nur im Weltall ist es wirklich still. Vom Lärm und der Sehnsucht nach Stille, Berlin 2010

Geisthövel, Wolfgang: Reisen in Uwe Johnsons Mecklenburg, Rostock 2001

Geschichte von Zinnowitz 1309 –1909. Zur 600jährigen Jubelfeier herausgegeben von der Badedirection. Nach den Quellen bearbeitet von Robert Burkhardt, Zinnowitz 1909, Wolgast 2009

Gildenhaar, Dietrich: Auf der Kaisermeile. Die Promenade der Seebäder von Ahlbeck und Heringsdorf, Seebad Ahlbeck 2004

Ders.: Geheime Kommandosache „Peenemünde West". Eine dokumentierte Führung über das Gelände der ehemaligen Erprobungsstelle der Luftwaffe und des NVA Geschwaderflugplatzes, Ilmenau 2008

Ders./Knuth, Volker: Seebad Ahlbeck, Ilmenau 2008

Ders./ Rusch, Erhard: Swinemünde 1860–1945, Bremen/Rostock 1998

Grambow, Jürgen/**Müns**, Wolfgang: Bernsteinhexe und Kaiserbäder. Lesen von Usedom, Rostock 1999

Hannes, Hellmut: Bilder aus der Geschichte der Swinemündung. Usedom-Wolliner Blätter 11, Ostklüne 2007

Ders.: Von den Anfängen des Swinemünder Leuchtturms, Ostklüne 2006

Ders.: Historische Ansichten von Swinemünde und vom Golm, Schwerin 2001

Hirsch, Karl Jakob: Kaiserwetter, Berlin 1931

Jeschke, Lebrecht/**Stavginski**, Heike: Inseln von oben. Usedom, Hamburg 2012

Kirchen auf Usedom und ihre Geschichte seit Otto von Bamberg 1128–1993, Greifswald 1993

Kirschen für den König. Potsdamer Pomologische Geschichten, Potsdam 2001

Knobelsdorff-Brenkenhoff, Bernd von: Die „Aal-Beek-Kolonisten" und das Thurbruch von Vorpommern, Siegen 1992

König & Kartoffel. Friedrich der Große und die preußische „Tartuffoli". Im Auftrag des Hauses der Brandenburgisch-Preußischen Geschichte herausgegeben von Antonia Humm, Marina Heilmeyer und Kurt Winkler, Berlin 2012

Kraft, Ruth: Insel ohne Leuchtfeuer, Berlin 1959

Laube, Heinrich: Eine Fahrt nach Pommern und der Insel Rügen. Nach der Ausgabe von 1837 neu herausgegeben, erläutert und mit einem Nachwort versehen von Michael Huesmann, Bremen 2004

Lichtnau, Bernfried: Usedom. Streifzüge durch die Geschichte, Architektur und Kunst der Insel, Peenemünde 1996

Mann, Heinrich: Heringsdorf. Vorort von Berlin, in: Essays und Publizistik, Bd. 6, herausgegeben von Manfred Hahn, Bielefeld 2012

Meinhold, Wilhelm: Humoristische Reisebilder von der Insel Usedom, Berlin 1993

Ders.: Die Bernsteinhexe Maria Schweidler, Leipzig 2005

Metz, Brigitte (Hg.): Usedom. Geschichte und Geschichten. 700 Jahre Stadt Usedom, Ostklüne 1998

Des Seefahreres Joachim **Nettelbeck** höchst erstaunliche Lebensgeschichte, von ihm selbst erzählt. Gekürzte Neuauflage, Göppingen 1994

Pantenius, Wilhelm H./ **Schönert**, Claus: Zwischen Haff und Heringsdorf. Das Thurbruch auf Usedom, Neubrandenburg 1999

Papileo auf Usedom. Eine Feininger-Radtour. Herausgegeben von der Gemeinde Benz, ohne Ortsangabe 2009

Pergande, Frank: Zweieinhalb Stunden von Berlin. Ein Reisebegleiter für die Insel Usedom, Schwerin 2005

Das Ostseebad Zinnowitz mit den Nachbarbädern Carlshagen und Coserow nebst ihren nächsten Umgebungen von Hugo **Reinecke**, Buchhandlung von Hugo Reinecke, Wolgast 1897. Photomechanischer Nachdruck, Neubrandenburg 2001

Richter, Egon: Ahlbeck, Heringsdorf & Bansin. Die Usedomer Kaiserbäder, Schwerin 2005

Richter, Hans Werner: Deutschland deine Pommern, Reinbek bei Hamburg 1970

Ders.: Geschichten aus Bansin, Berlin 2009

Ders.: Spuren im Sand, Göttingen 2004

Hans Werner **Richter** und die Gruppe 47. Mit Beiträgen von Walter Jens, Marcel Reich-Ranicki, Peter Wapnewski u.a., München 1979

Roscher, Achim: Otto Niemeyer-Holstein. Lebensbild mit Landschaft und Figuren, Berlin 2006

Ders.: Lüttenort. Das Bilder-Leben und Bild-Erleben des Malers Otto Niemeyer-Holstein nach seinen Erzählungen wiedergegeben von Achim Roscher, Berlin 1989

Rosenthal, Erwin: See- und Solbad Swinemünde. Die Entwicklung eines Badeortes, Ilmenau 2009

Schulz, Eckard (Hg.): Schloss Stolpe auf Usedom – Geschichte und Zukunft, Usedom-Wolliner Blätter 4, Ostklüne 2003

Seydel, Renate (Hg.): Usedom. Ein Lesebuch, München 2003

Soden, Kristine von: Sehnsuchtstage an der Ostsee. Backstein, Seebad, Kranichflüge, Wien 2007

Dies.: Backsteinstädte. Der Butt, die Baukunst und das Meer, Wien 2009

Dies.: Strandgut. Warum das Meer blau ist, der Bikini nie baden ging und alle Möwen Emma heißen, Berlin 2012

Spohler, Ute: Seebad Zinnowitz. Die Entwicklung eines Badeortes, Ilmenau 2009

Staudt, Guillermo: Zum Tee mit dem Kaiser in Heringsdorf. Die Geschichte der Familie Staudt zwischen 1859 und 1918, Usedom Edition, Neubrandenburg 2002

Stern, Carola: In den Netzen der Erinnerung. Lebensgeschichten zweier Menschen, Reinbek bei Hamburg 1986

850 Jahre **Stolpe** an der Peene. Die wechselvolle Geschichte des Klosters. Herausgeber: Gemeinde Stolpe an der Peene, Stolpe 2003

Usedom-Kochbuch. Rezepte & Geschichten zwischen Wolgast und Swinemünde, Stralsund 2012

Voltaire: Über den König von Preußen. Memoiren, Frankfurt am Main 1969

Warncke, Hans (Hg.): Der Lieper Winkel auf Usedom. Usedom-Wolliner Blätter 6, Ostklüne 2004

Weber, Bernhard: Pilgern auf der Via Baltica, Welver 2010

Wille, Heinz Hermann: Bäderinsel Usedom. Aufnahmen von Heinz Engelbrecht, Rostock 1959

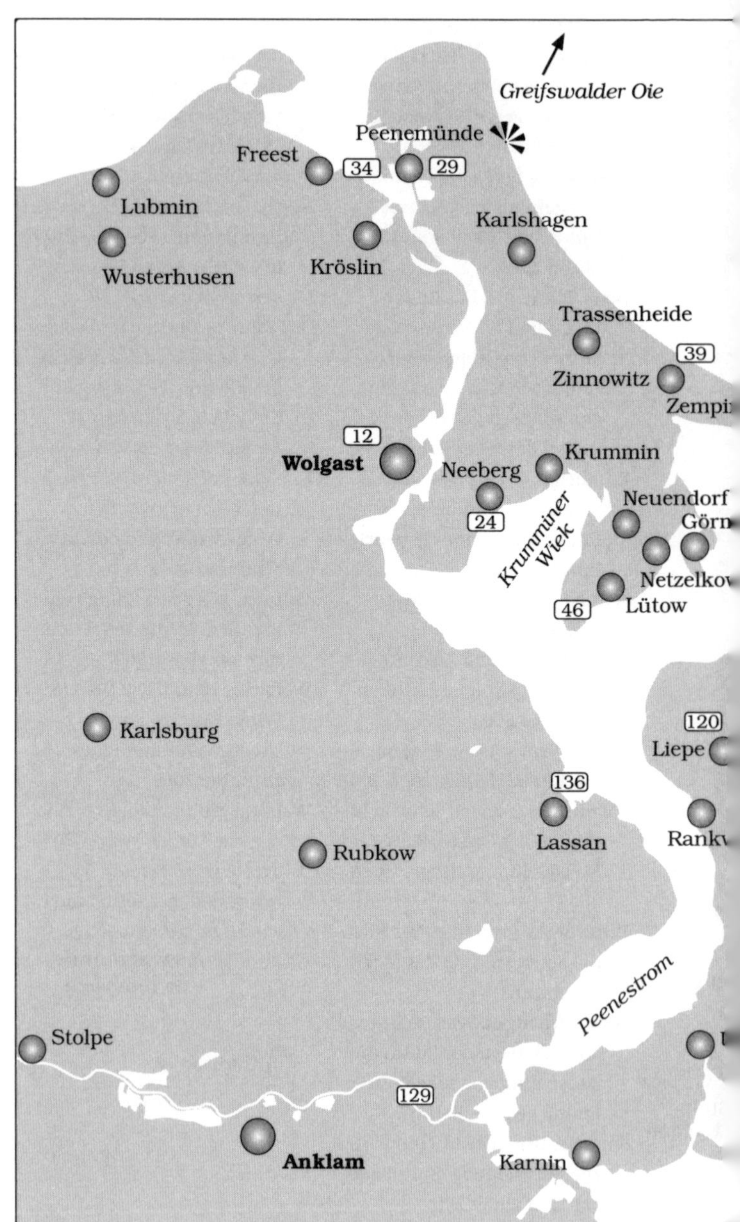
Greifswalder Oie
Peenemünde
Freest
34
29
Lubmin
Karlshagen
Kröslin
Wusterhusen
Trassenheide
39
Zinnowitz
12
Wolgast
Neeberg
Krummin
Neuendorf
24
Krumminer Wiek
46
Lütow
120
Liepe
136
Karlsburg
Lassan
Rubkow
Peenestrom
Stolpe
129
Anklam
Karnin

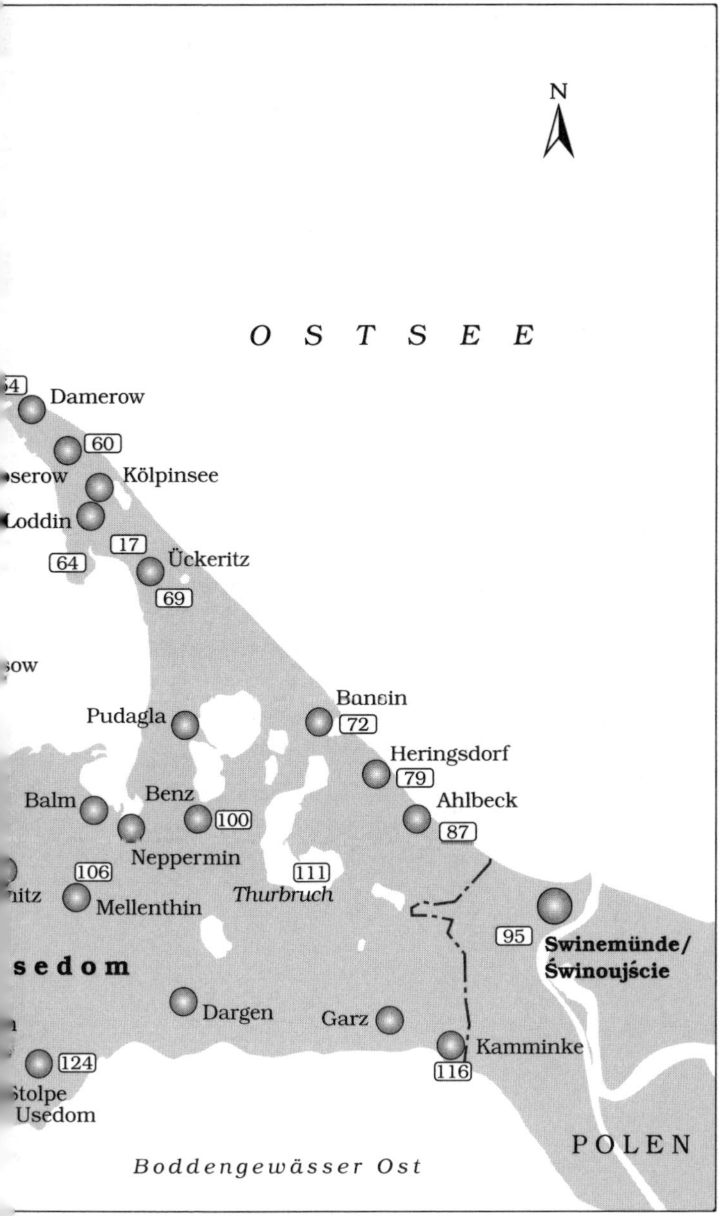

O S T S E E

Damerow
60
serow
Kölpinsee
Loddin
17
64
Ückeritz
69
Bansin
72
Pudagla
Heringsdorf
79
Balm
Benz
100
Ahlbeck
87
Neppermin
106
111
Mellenthin
Thurbruch
95
Swinemünde/ Świnoujście
sedom
Dargen
Garz
Kamminke
124
116
Stolpe
Usedom
POLEN
Boddengewässer Ost

Bibliografische Information der Deutschen Bibliothek
Die Deutsche Bibliothek verzeichnet diese Publikation in der Deutschen Nationalbibliografie; detaillierte bibliografische Daten sind im Internet über <http://dnb.ddb.de> abrufbar.

ISBN 978-3-8319-0497-6

Bildnachweis
Das Titelfoto zeigt die Seebrücke von Ahlbeck. Die Rechte des Bildes liegen bei Georg Jung, Hamburg.
Alle Bilder im Text von Kristine von Soden, Wiesbaden, außer S. 39: bpk/Geheimes Staatsarchiv, SPK/Bildstelle GStAPK und S. 106: Fotolia © Rico K.

Lektorat: Claudia Schneider, Hamburg
Gestaltung: BrücknerAping, Büro für Gestaltung, Bremen
Karte: THAMM Publishing & Service, Bosau
Lithografie: SMS Scheer Medien Service GmbH, Bremen
Gesamtherstellung: Offizin Andersen Nexö Leipzig GmbH

www.vonsoden.de
www.ellert-richter.de